社会保险基金的收益性和安全性问题研究

周林林 著

北京工业大学出版社

图书在版编目（CIP）数据

社会保险基金的收益性和安全性问题研究 / 周林林著．— 北京：北京工业大学出版社，2021.2
ISBN 978-7-5639-7830-4

Ⅰ．①社… Ⅱ．①周… Ⅲ．①社会保障基金－基金管理－研究－中国 Ⅳ．① D632.1

中国版本图书馆 CIP 数据核字（2021）第 034136 号

社会保险基金的收益性和安全性问题研究
SHEHUI BAOXIAN JIJIN DE SHOUYIXING HE ANQUANXING WENTI YANJIU

著　　者：周林林
责任编辑：邓梅菡
封面设计：知更壹点
出版发行：北京工业大学出版社
　　　　　（北京市朝阳区平乐园 100 号　邮编：100124）
　　　　　010-67391722（传真）　　bgdcbs@sina.com
经销单位：全国各地新华书店
承印单位：天津和萱印刷有限公司
开　　本：710 毫米 ×1000 毫米　1/16
印　　张：10
字　　数：200 千字
版　　次：2022 年 5 月第 1 版
印　　次：2022 年 5 月第 1 次印刷
标准书号：ISBN 978-7-5639-7830-4
定　　价：68.00 元

版权所有　翻印必究

（如发现印装质量问题，请寄本社发行部调换 010-67391106）

前　言

社会保险基金是国家为开展社会保险事业而筹集的，用于支付劳动者暂时或永久丧失劳动能力或劳动机会时所享受的保险金和津贴的专项资金。用此种资金购置的资产及其增值部分也属于社会保险基金的范围。

随着我国老龄化问题日益严重，社会保险基金管理面临社会养老负担和隐性负债日渐沉重的社会现实，财政偿付压力愈加沉重。社会保险基金是关系国计民生和社会稳定的重要保障性资金，其收益性和安全性问题已经被社会公众广为关注。

本书共七章。第一章为社会保险基金的基本理论，第二章为社会保险基金模式，第三章为社会保险基金管理，第四章为社会保险基金风险控制，第五章为社会保险基金收益性问题，第六章为社会保险基金安全性问题，第七章为社会保险基金安全监管问题。

为了确保研究内容的丰富性和多样性，笔者在写作过程中参考了大量理论与研究文献，在此向涉及的专家学者表示衷心的感谢。

目 录

第一章　社会保险基金的基本理论 ………………………………………… 1
 第一节　社会保险基金运行 …………………………………………… 1
 第二节　社会保险基金监管 …………………………………………… 5
 第三节　社会保险基金审计完善 ……………………………………… 8
 第四节　社会保险基金审计监管 ……………………………………… 14
 第五节　社会保险基金会计制度 ……………………………………… 17

第二章　社会保险基金模式 ……………………………………………… 21
 第一节　社会保险基金征收存在的问题及模式 ……………………… 21
 第二节　农村社会养老保险基金投资模式 …………………………… 29
 第三节　社会保险基金保值增值模式 ………………………………… 33

第三章　社会保险基金管理 ……………………………………………… 37
 第一节　社会保险基金财务管理现状 ………………………………… 37
 第二节　社会保险基金财务管理制度 ………………………………… 41
 第三节　社会保险基金内部控制管理 ………………………………… 46
 第四节　社会保险基金预算管理 ……………………………………… 49
 第五节　社会保险基金管理信息化 …………………………………… 58
 第六节　社会保险基金管理绩效评估 ………………………………… 61

第四章　社会保险基金风险控制 ………………………………………… 65
 第一节　社会保险基金存在的风险及对策 …………………………… 65
 第二节　社会保险基金运营风险及对策 ……………………………… 71
 第三节　社会养老保险基金筹资风险及控制 ………………………… 75

第四节　社会医疗保险基金风险及控制策略 ………………………… 84
　　第五节　社会养老保险基金支付风险及对策 ………………………… 87
　　第六节　社会养老保险基金风险预警体系建设 ……………………… 90
　　第七节　基层社会保险经办风险及应对策略 ………………………… 97

第五章　社会保险基金收益性问题 …………………………………………… 102
　　第一节　社会保险基金投资收益的影响因素 ………………………… 102
　　第二节　国有资本经营收益补充社会保险基金 ……………………… 106
　　第三节　全国社会保障基金股票投资策略与收益 …………………… 110
　　第四节　经济新常态下社会保险基金配置与收益 …………………… 114

第六章　社会保险基金安全性问题 …………………………………………… 118
　　第一节　社会保险基金的运行安全 …………………………………… 118
　　第二节　社会保险基金安全管理 ……………………………………… 121
　　第三节　社会保险基金安全评估 ……………………………………… 123
　　第四节　机关事业单位社会保险基金安全 …………………………… 125
　　第五节　业务档案管理与社会保险基金安全 ………………………… 128

第七章　社会保险基金安全监管问题 ………………………………………… 132
　　第一节　社会保险基金监管现状及对策 ……………………………… 132
　　第二节　社会保险基金监管原则及健全措施 ………………………… 135
　　第三节　社会保险基金监管体系的完善 ……………………………… 137
　　第四节　社会保险基金监管中地方政府的责任 ……………………… 143
　　第五节　县级政府在社会保险基金监管中的作用 …………………… 147
　　第六节　和谐治理框架下社会保险基金的投资运营及监管 ………… 148

参考文献 ………………………………………………………………………… 153

第一章 社会保险基金的基本理论

第一节 社会保险基金运行

社会保险基金是涵盖养老保险、医疗保险、失业保险、工伤保险及生育保险等基础险种在内的专项基金,是我国社会保障体系的重要组成部分,对于保障公民基本生活、维持社会稳定具有重大意义。本节将从社会保险基金的研究背景及研究意义着手,从基金的筹集及支付管理、投资及运营管理与监督管理三个主要方面分析我国社会保险基金运行存在的问题,并试图给出相对可行的改革建议,力图有所创新。

一、社会保险基金研究背景及意义

社会保险基金是指社会保险经办机构按照相关规定,依法筹集的用于保证参保人获取一定的养老保险、医疗保险、失业保险等社会保障的专项资金,一般由缴费单位、参保人及国家财政补贴三部分组成。

(一)研究背景

改革开放以来,我国的市场经济发展态势良好,经济体制和经济结构逐步走向完善。尽管如此,在人口基数庞大及老龄化趋势日渐严重的背景下,我国仍然面临着养老、医疗、就业等社会问题,这对社会保障体系的建设与完善提出了更高的要求。

社会保险基金作为我国社会保险体系中重要的货币化表现形式,承担着独一无二的责任,事关国家发展、社会稳定、人民幸福的大局。同时,社会保险基金也是国家进行财富二次分配的重要手段之一,具有调节个人收入、缩小贫富差距的重要作用。

（二）研究意义

加深对社会保险基金的研究，是顺应时代潮流、响应时代呼唤的具体体现，既具有推动理论发展的功能，又不乏现实意义。

一方面，目前来看我国学术界针对社会保险基金的研究还存在不足，研究视角比较零散，尚未形成统一的理论和典型的核心作者群。本书希望立足于中国实际，充分考察我国的基本国情，致力于为社会保险基金学术研究添砖加瓦，以期推动建立我国关于社会保险基金的研究体系，以有效地指导实践活动。

另一方面，加强社会保险基金的研究具有重要的现实意义。加强对社会保险基金的筹集、投资、运营及监管管理，既有利于保护人民的切身利益，弘扬崇尚公平的社会价值观，又有利于提高公共事业管理的效率，推动政府职能转型以建立服务型政府，维护国家与社会的长治久安，等等。

二、我国社会保险基金运行的问题

（一）社会保险基金在资金筹集与支付管理方面的问题

1. 统筹层次偏低，地区差异偏大

出于历史原因，我国存在着社会保险基金统筹层次偏低的问题，并已经成为制约发展的关键性因素。统筹层次低，造成各地社会保险基金储量随着各地经济社会发展呈现出越来越大的差距，尤其是人口净流出的城市社会保险基金压力更为严重。以养老保险为例，由于我国经济发展总体上呈东快西慢，年轻人口多由西部地区流向东部经济发达的城市，那么东部城市的老年抚养比便有所缓和，养老压力缓解。而经济欠发达的地区，往往面临着企业养老保险费率较高、养老压力过重等现实问题。长此以往，势必加大地区之间发展的不平衡性。

2. 收支管理脱节，欠缴不缴现象严重

目前，我国社会保险体系仍然按照收支两条线的管理原则运行，即社会保险基金的筹集与支出由不同部门管理负责。在实际操作中，部分企业拒绝为临时工、合同工等缴纳相关社会保险，或是由于各种原因故意逃避社会保险缴费，无视相关制度规章，而相关员工或是由于对社会保险制度的忽视，或是维权意识较弱，对企业不缴欠缴的违规行为为熟视无睹、听之任之。如此造成我国社会保险基金实际缴费偏低，资源流失，普通劳动人民的切身利益也无法得到有效保护。

（二）社会保险基金在投资及运营管理方面的问题

1. 投资效率偏低，保值增值目的难以实现

我国在处理社会保险基金的投资问题时，始终将"资金安全"摆在第一位，一般采取较为保守的投资方式，如银行存款、购买国债等。但随着市场化经济的发展，在多方面因素的影响之下，现代社会对于社会保险基金的保值增值提出了更高的要求。如何探索适合我国基本情况的兼顾安全与效率的新型投资组合途径，成为我们亟待解决的时代课题。

2. 挪用社会保险基金

近年来，社会保险基金被非法挪用的案件时有发生，一些地方政府无视社会保险基金专款专用的硬性规定，将其作为地方性财政资金随意使用，极大地损害了人民群众的合法权益，引起了社会恐慌。如发生于2006年的上海社会保险案，涉案金额高达百亿元人民币，一经揭发便引起舆论一片哗然。社会保险基金被视为参保群众的"养命钱"，任何理由都不足以作为违规动用的借口。非法挪用社会保险基金，证明我国的社会保险基金的监管层面仍然存在诸多漏洞，如何正确使用与维护社会保险基金成为困扰我们的又一大难题。

3. 冒领社会保险基金

社会保险基金的建立意在保障参保人员的基本养老、医疗、就业等方面的需要，在参保人员步入老年、罹患疾病抑或遭遇失业时将发挥重要的作用。然而，在实际生活中，由于监管体制的不完善及公民意识的欠缺，社会保险基金冒领现象时有发生。比如，参保人员在退休以后领取养老金以维持老年生活，但有些老人有可能不居住在投保地，与当地社会保险部门及单位联系不密切，以致为养老金的冒领提供了条件。一些家庭及子女在老人去世以后或是没有通知相关部门，或是上报以后未能得到及时处理，使得养老金继续发放，造成养老金资源的大量流失。再如，近几年出现的医疗保险骗保案。一些医保定点机构为了提高医院的综合收益率，套取医疗保险的补贴，多次招募当地持有社保卡的人员以不同病种入住，极大地浪费了医药资源，损害了医疗保险基金的正常统筹，使人民利益受到侵害，国家资源流失，社会保险基金的管理与运营受到影响。

（三）社会保险基金在监督管理方面的问题

1. 职责不清，管理不明

如今，我国社会保险基金的监督管理体制逐步趋于完善，但仍然存在着职责不清、管理不明等问题。政府各个部门分工细致，但在实际操作中仍然会出于行政层级未明确划分、部门主义等原因，产生多头管理、无人管理、交叉管理，造成行政效率低下。

2. 相关法律法规缺失

法律理应成为我国行政部门工作的最高依据与根本准则。我国目前尚未建立针对社会保障体系和社会保险基金监管的专项法律，立法层次偏低，内容分散，缺乏衔接性。《中华人民共和国社会保险法》（以下简称"《社会保险法》"）虽然对社会保险的基本操作方式和手段给予了框架性说明，但在具体的实施标准上仍然存在欠缺，尤其是针对社会保险基金违规操作的追责机制缺失，极易被"别有用心之人"利用。

3. 社会监督缺位

我国现行的社会保障体系监督框架，主要以行政监督为主，司法监督为辅，而未能严格引入公民监督等社会化监督手段。我国的社会组织与社会团体发展还不够成熟，无法像发达国家一样发挥实质性作用，缺少表达意愿与监督政府行为的途径。

三、我国社会保险基金运行的优化路径

（一）稳步提高统筹层次，强化社会保险基金的收支控制

为解决我国目前社会保险基金储量地区差异过大，以及欠发达地区劳动人口外流带来的养老、医疗压力等问题，稳步提高社会保险基金统筹层次成为不可阻挡的时代趋势。除此以外，为解决资金来源问题，扩充社会保险基金全国储量，还应强化对基金的收支管理与控制。

第一，致力于扩大社会保险的覆盖群体和范围。通过加强对社会保障制度和社会保险的知识宣传与普及，号召更多的群体参与基本社会保险，尤其是加强对城市流动人口的管理与协调，设计适合流动人口流动性的专门保险，或者直接建立全国统一的社会保险缴纳自查系统，让社会保险"流动"起来。

第二，强化对企事业单位社会保险的稽查与核实，严令督促其依法为本单位员工缴纳相应的社会保险费用，严禁隐瞒、谎报与漏缴、不缴等行为。

（二）加强社会保险基金的投资及运营管理

第一，应致力于探索符合我国国情的社会保险基金投资模式，积极发挥资本市场的正面力量，在保证基金安全性的基础上，除了进行银行存款及购买国债，还应鼓励市场主体开发其他类型的投资途径，建立社会保险基金维护与利用的中长期计划，以实现社会保险基金保值增值的目的。

第二，多措并举强化对社会保险基金的运营管理，加强对社会保险基金的发放审核与内部控制。以养老金的支付为例，政府各部门应该切实做好对退休老年群体的资格审核，严格控制因特殊原因提前退休的人员数量，加强社会保险基金发放部门与退休老人家庭、退休前所在单位的联系，及时核实老人的生存状况等，保证养老金的高效使用与合理支付。

（三）强化社会保险基金的监督体系建设

第一，强化行政监督的"第一道门槛"作用，加快完善社会保险基金管理部门的内部控制。例如，制定明确细致的社会保险基金筹集、支付与管理的规章制度，优化行政部门会计管理流程，加大行政监督的透明度。

第二，完善立法与司法监督，推动建立社会保险基金管理监督的专门法律，提高立法层次，细化法制监督条文，等等。

第三，充分发挥公民社会的监督力量，大力扶持民间团体的发展，定期举办社会保险专项基金的维护与使用情况报告会，开设专门的社会保险基金监督热线，鼓励人民群众加入社会保险基金的监督工作。

第二节 社会保险基金监管

社会保险基金监管通常是指国家为保证社会保险基本目标的实现及其制度运行的稳定，授权给专门机构依法进行监管的过程。这个过程主要包括对社会保险基金安全营运、基金保值增值和管理方式等方面的监管。目前，我国的社会保险基金监管体系仍存在一定的弱项，需要不断进行完善，确保社会保险基金的安全。

伴随社会主义市场经济体制改革的深入推进，我国的社会保障制度体系日益完善，社会保险基金制度也在不断优化，但是总体上看，目前我国社会保险基金财务管理制度依然存在很多问题，如挪用、滥用等，影响了资金的有效调度和科学使用，需要进一步加强风险控制，才能更好地提升社会保险基金科学化管理水平。加强社会保险基金财务管理制度及风险控制办法探究，具有重要的社会意义。

一、我国社会保险基金监管存在的问题

（一）社会保险基金内部监管不到位

内部监管主要是社会保险基金监管机构对其内部的运作流程及工作纪律等进行自我监管。从我国当前的社会保险基金监管机构来看，其没有确立明确的层级责任及细化的任务分工，部门之间权责不清晰，办事效率不尽如人意。就基层人员的管理而言，缺乏一种有效的监控机制对其进行考核，致使他们的工作热情不够、行事态度不佳，给参保者留下一种不好的印象，进而影响到参保者参保的积极性。

（二）社会保险基金外部监管待完善

外部监管主要是社会监管，一般是指参保人员和社会媒体对违规收缴和支出社会保险基金现象的举报和监督。2011年我国开始建立社会保险信息披露制度，目的是披露社会保险基金管理各项信息，让参保者对基金的收支有准确的把握。但实际上，信息披露的各项信息并不详尽且披露频次低，参保者无法利用其掌握基金的运行情况，更不用说利用这项制度进行监管。此外，社会保险基金对信息化建设监管利用不多，未建立统一的社会保险基金监督信息平台，信息平台之间信息流通缓慢，造成信息滞后。而参保者根据滞后信息进行监管更会给社会保险基金监管机构的工作带来不小的压力。

二、我国社会保险基金存在管理风险的原因

（一）监管难度大

为了充分适应社会的发展，我国政府提出了要促进社会保险基金的多元化发展，社会上参与保险的人数逐步增多。为了给予我国社会保险基金管理更多的便捷性，中央联合地方政府不断扩大城乡居民的社会保障体系的覆盖范围。但因为监管的对象不断增多，无疑加大了监管的难度。同时，这种多元化的管理也涉及众多部门的参与，基金链条不断加长，其风险也在逐步增多。

（二）社会保险基金的管理质量有待进一步提升

对于我国社会的发展来说，社会保险基金的管理是一项艰巨的任务，任重而道远，所以需要更多的管理人才参与进来，这也对我国社会保险基金的发展提出了更高的要求——要建设一支稳定的专业管理人才队伍。在社会保险基金业务不断扩大的前提下，其基金的监督管理业务量也在不断增多，为了积极应

对这种现象，需要更多具备专业管理知识的人才参与管理。而事实上，我国社会保险基金的管理人员大多数还未能更新自己的知识结构，甚至在一些落后的乡镇地区还存在着人才短缺的情况，这也大大降低了我国社会保险基金管理的质量。

三、对我国社会保险基金监管的建议

（一）改善外部监管，强化信息化建设

1. 建全信息披露制度

社会保险信息披露应与大数据相结合，进行实时监控、分析与校对。增加信息披露频次，可以按年度、季度和月度及其他形式进行披露。细化并归纳披露信息，详细公开缴纳、投资运营、支出等环节的信息，使参保者掌握基金运行情况，保障其知情权。

2. 建立统一的社会保险基金监督信息平台

重大社会保险政策调整及时在信息平台公示，打破信息平台之间的信息流通，一致上传至统一的信息平台，避免信息滞后问题，保障参保者的监管权。建立舆论监督机制，扩大舆论监督主体，畅通基金监督渠道，鼓励广大群众监督并提出问题，员工也应及时收集并处置各项举报问题。

（二）构建"三位一体"风险管理体系

以基金收、支、管安全运行为主线，构建内控、稽核、反欺诈"三位一体"的风险管理体系。以内控为核心，完善内部业务经办环节，重点岗位职责明晰，业务程序操作规范。按照"分工合理、职责明确、流程规范、运转高效"的要求，坚持问题导向，从经办风险管理各环节入手，建立健全重大事项集体决策、内部控制、内审监督、岗位权限管理、信息系统管理、档案管理、信息公开及披露等风险管理制度，将所有部门、岗位、人员，所有业务、财务操作环节都纳入制度化管理范畴，实现经办风险防控制度全覆盖，尤其要建立健全日常风险防控和评估制度、内控规则、重要信息、重要业务程序办法，以及联合会审机制、风险评估机制和预测预警预报机制，从源头上堵塞漏洞，防范经办管理风险。

（三）加强社会保险基金个人账户的科学管理

社会保险基金中有个人账户的一部分，所以为了更好地提高社会保险基金个人账户财务管理水平，一方面国家应当针对如何进行个人账户管理制定更加明确的制度体系，明确具体的划归流程，将其纳入社会保险基金财务管理范畴

中，从基金的支出、收入账户中设定个人、统筹账户基本项目，对个人账户的支出、收入等情况进行进一步明确化，从而提高个人账户的管理水平。此外要将参保人员的账户进行单独核算，这样就可以提高核算的便利性和独立性，也有助于提高核算的准确性，针对可能存在的问题进行对症分析，并加以纠偏。另一方面要鼓励公众积极献计献策，针对如何进行社会保险基金个人账户管理，在保证基本收益的前提下探索提高社会保险基金账户收益的新手段、新方法，从而结合我国国情和具体情况进行不断探索，持续提高社会保险基金账户的收益水平。

近些年来，社会经济取得了迅速发展，我国的社会保险制度也在不断发展和完善。社会保险制度的重要性不言而喻，一旦社会保险制度出现问题就会影响整个社会的正常发展，对于社会保险制度而言，最为重要、最为基础的一部分就是社会保险基金，只有对保险基金进行有力的监督，才能有效保障社会保险制度的正常运行，实现社会保险事业的长远可持续发展。

第三节　社会保险基金审计完善

社会保险基金关系广大人民群众特别是弱势群体的切身利益，政策性强，覆盖面广，从养老、医疗、失业、工伤到生育保险基金等均有涉及。社会保险基金的管理和使用是否合规、安全、有效，是否能发挥真正的作用，关系到全面建成小康社会目标的实现。由于社会保险基金覆盖面广，种类繁多，重点较难把握，加上我国社会保险审计制度建立时间不长，各方面尚不健全，导致审计结果不尽如人意。本节通过对社会保险基金审计现状的描述和存在的问题进行分析，提出相应的政策建议，以提高我国社会保险基金审计工作的质量，推动社会保险基金审计工作长远发展。

随着我国市场经济的发展，社会保障体系已经建立并不断完善。对社会保险基金进行审计，不仅是《中华人民共和国审计法》（以下简称"《审计法》"）赋予审计机关的一项重要职责，也是社会关注、百姓关心的焦点和热点，其重要性不言而喻。鉴于此，党中央、国务院一再强调要加强对社会保险基金的审计。从1992年开始，审计署先后组织全国各地审计机关进行社会保险基金的审计工作。全国社会保障基金成立后，由全国社会保险基金会管理运营，它的成立有利于实现社会公平，保证社会劳动力再生产顺利进行并推动社会进步。然而，同发达国家相比，我国社会保险基金成立的时间较短，社会保险基金资金数量庞大、范围广、审计周期长等都给审计工作带来了困难，我国现在采用的是传统的财政财务收支审计，这样的审计手段和审计方式都已不能满足社会保险基金审计的需要，甚至出现了个别贪污腐败等问题，致使社会公信度大打折扣，使社会保险基金审计问题曝光在公众视线中。本节基于社会保险基金审计的发展历程和现状，对当前我国社会保险基金审计存在的问题进行分析，并针对问题提出相应的建议。

一、我国社会保险审计发展概况

目前来说，我国社会保险审计时间还比较短，但我国学者在这方面的研究一直在不断进步。社会保险基金的审计范围逐渐扩大，将基金的来源、分类、使用都涵盖在内。审计的方式也在不断创新探索中，包括审计和其他专业审计相结合，实施计算机审计和实时监控及宏微观审计结合分析研究。但社会保险基金资金覆盖面广、种类多、收支渠道复杂，管理和经办的机构多，导致我国对社会保险基金的审计还存在诸多困难和风险，基金安全运行的压力也越来越大。为了保障社会保险基金的安全，应从廉政教育、制度建设、优化流程、督察审计和强化领导等方面着手，以加强社会保险基金监督管理。对于社会保险基金审计，很多学者提出了相应建议，包括健全制度、加强管理、定期监督等。社会保险基金与民生息息相关，无论何时都不能放松对社会保险基金的审计监督。本节就社会保险基金发展的现状，分析其中存在的问题并提出对策建议，以期为相关工作提供一定的理论参考。

中国经济经过多年的不断发展，社会保障工作日益受到人们的关注。我国自1984年开始逐步进行社会保障制度改革，已经建立起了比较健全的社会保障制度体系，相关的审计工作也在不断地进行探索，自1983年审计署成立以来，大致经历了三个发展阶段。

（一）第一阶段：起步阶段（1983—1998年）

这个阶段审计的主要目标是查错纠弊，揭露各种贪污、挪用和浪费问题，但在社会保障制度上极不完善，社会保险审计事业发展受限，审计工作发挥的作用也非常有限。

（二）第二阶段：探索和研究阶段（1998—2005年）

随着我国社会主义市场经济体制的建立和完善，我国对社会保险基金的审计工作越来越重视。这个阶段审计的主要目标是揭示问题、促进规范，对规范社会保险资金管理起到了积极作用，但对社会保障制度、管理上的关注度不足，不能与发展实际相结合，导致社会保险审计效果显著性不强。

（三）第三阶段：创新和发展阶段（2005年至今）

我国一直致力于对社会保险基金审计的创新，促进社会保险体系的不断完善。这一阶段的社会保险审计形式发生了质的改变，由传统的财务类、合规性审计转向专业审计、经济性审计，审计的宽度和深度都在不断向更高层次发展。

近几年，我国的社会保险基金数额和规模不断扩大。有数据显示，截至2017年年底，包括基本养老、基本医疗、失业、工伤、生育保险在内的五大基金总收入为6.64万亿元，同比增长23.9%，参保总支出达5.69亿元，而参保人数达27亿人次，同比增长21.8%。2011年，党的十七大针对城乡社会保险提出了战略性目标，当时预计到2020年参保人数合计将达3亿人次，费率按20%计算，2020年当年缴费收入将高达2.6万亿元。而实际上，据统计，2020年全年基本养老保险、失业保险、工伤保险三项社会保险基金收入合计50 666亿元，基金支出合计57 580亿元。总体来看，社会保障事业从实验型走向成熟型，发展的总体形势平稳。但随着社会保险基金的构成日益复杂，审计中出现的问题也不容忽视。

二、社会保险基金审计中存在的问题

（一）社会保险制度的法律法规不健全

社会保险的法律实施机制较为薄弱，审计定性和评价比较困难。由于相关经办机关和部门较多，且每个部门评判的标准又不统一，由此出现了一些钻法律漏洞的现象，缺乏对基金经济有效性标准的评价规范。另外，对发现的违规违纪问题，处罚力度也不大，应严格按照有关法律法规追究到底，切忌头重脚轻、虎头蛇尾，否则难以从根本上提高相关责任人的责任和大局意识。只有按章执行，社会保险资金使用才会更加合理，才能发挥最大的效用，相关审计工作才能顺利推进。

（二）社会保障资金管理体制存在不足

由于社会保障的特殊性，其涉及范围广泛，部门之间的经济活动相互交叉，从乡镇到市级、省级、中央级均设立了社会保障管理部门，也有专属的社会保障资金，管理人员之间也会相互参与到资金的使用活动中。以上机构出于各自利益考虑而出台不同的政策，造成管理机构重叠，在社会保险资金的利用上方法和标准不统一，其根源在于社会保障资金管理体制的弊端。部门与部门之间、地区与地区之间存在信息沟通匮乏、相互之间信任不足或是政策传达不到位的情况，导致审计人员在进行数据采集时工作难度加大，造成资金使用效率统计错误，从整体上加大了管理难度，也削弱了社会保险资金管理体制的整体效果。另外，社会保障体系还存在着一些制度性缺陷，我国社会保险体系虽然从建立到推广已经有了一段时间，但是从根本上没有系统的社会保险体系，由于社会保险项目的复杂性和多样性，项目之间难免相互影响，亟待建立成熟健全的社会保险体系，如农民工的低待遇、农村保险制度等问题，缺乏专业的团队和统一的管理，会使社会保障资金的推行和发展受到严重阻碍。

（三）审计工作具有滞后性

这种滞后性是由于社会保险资金的审计工作往往是在事后进行的，但是信息具有时效性，发现问题再解决问题只能起到亡羊补牢的作用，已经错过了最佳纠正时机，损失已经造成，大大降低了社会保险资金的使用效率。另外，目前我国的重点依然是保全资金，对资金的投资运营无法做到实时监控。由于社会保险审计项目基本上以上级审计机关安排为主，而各地方的民生民情不尽相同，上级统一的方式或标准在地方不一定适用，等到层层上报之后再采取措施，往往已经错过了最佳时机，这种缺少针对性的审计势必会降低审计的力度，影响审计质量，应因地制宜，合理统筹安排。

（四）审计人才队伍建设

在这个信息爆炸的时代，计算机的使用已经深入人心，电子化业务遍及全球。社会保险基金审计不仅需要具备审计和财务等专业知识，还需要系统地了解和掌握社会保障资金的全貌及其政策法规体系，而具有这些综合素质的人才十分稀缺，多数审计人员业务技能单一，导致审计工作难以有效进行。此外，审计人员对社会保险审计的重要性认识不足，特别是基层审计人员，由于社会保险基金审计人力有限、时间紧迫、审计内容繁杂，审计人员的调查面相对较窄，浅而不深，能够揭示制度缺陷、堵塞管理漏洞、对审计制度进行深入分析的人才很少，不能提出根本性的解决措施。此外，现代审计技术方法的掌握和运用都存在许多问题，发展中的社会保险事业难以适应迅速发展中的现代信息技术的要求。

（五）社会保险基金审计的监督不到位

社会保险基金涉及千家万户，管理部门众多，来源和支出渠道各式各样，每一项资金的管理政策、支付标准和范围都不尽相同。作为社会保险基金的缴纳者和受用者的社会公众，大多数只关注自身的利益是否受到侵害、社会保险基金是否发放到位，对社会保险基金的收支和运营的具体情况关注度不高、监督力度不强。尤其是农村地区民众，对国家的普惠政策心怀感激，但并没有对其进行全方面的了解，只知其一不知其二，更不用说监督了。此外，目前我国社会保险基金监督机制为官办、官督，监督机制较缺失。

三、社会保险基金审计的政策建议

（一）建立健全相关的社会保障制度

法律法规是做好审计工作的立足点，对社会保险基金的审计，要区别于以往对合规性、合法性的审计，从管理、制度上发现和揭露存在的问题。首先，实行办案一对一，对经办的每一个机构部门、每一项业务岗位，都建立明确的责任制度，强化考核，推进社会保障法制建设。其次，将重复职能的部门进行归并处理，减少重复环节，并实行"政事分离"，从根源上降低审计风险，提高审计的经济效益。最后，在某些特定发展阶段，我国城乡的制度和政策是分别设计和实施的，这不利于实现公平，需要在政策和体制层面加快推进城乡统筹，建立城乡共享平台，使全体公民享受到应有的权利，推进城市化进程。

（二）明确审计的目标和重点

审计的重点内容分为筹集、使用和管理三大块，但隐藏在其中的如社会保险政策的完善程度、执行覆盖率、制度中存在的问题等需要不断进行改进，积极探索管理体制的改革。尤其是审前调查工作，学会听、看、访、查等方法，掌握不同层级的省、市、县对社会保险基金管理的相关规定，对政策规定的范围和要求弄清楚，将基金从申请到拨付经过的每一层级的责任明确到个人，了解资金的流向和去处，对资料信息显示异常的地区重点关注，并做出初步判断，制定科学可行的方法和实施方案。审计工作开始后，对筹集、使用和管理三块也要明确重点：筹集方面，包括基金管理经办机构是否足额、及时、按规、合法地征收基金，是否存在谎报行为，擅自转移资金；使用方面，包括是否存在冒领、造假和虚报领取社会保险基金的情况，各经办机构单位是否及时足额地支付社会保险基金，是否存在拖欠、克扣、挪用等违法行为；管理方面，从基金的预算、决算、审批到执行的过程是否符合财务制度，会计账目是否清晰合理，会计凭证是否合规合法，社会保险基金的保存是否安全完整；等等。社会保险基金是关乎民生的重要资金，每个部分都要做到合法合规，以提高社会保险基金的质量和效率。

(三）创新审计方式和技术手段

积极探索计算机审计在社会保险领域的应用，尤其是联网审计。在大数据时代背景下，数据已经趋向电子化，社会保险资金量大、来源多、渠道广，涉及社会方方面面和千家万户，仅靠人工手段难以辨别真伪，运用信息化手段进行业务管理和财务核算，不仅高效，而且省时省力。

首先，改变工作思路，审计不能限于发现问题，而要向绩效审计转变，审计"免疫"功能的实现重点不在于解决问题，而在于提前预防风险，放宽视野于整个社会保险资金的使用，对出现的新问题、新状况及时进行把控，避免事后再来挽回损失。其次，创新审计方法。社会保险基金受国务院和地方政府的双向管理，改变传统组织方式势在必行，应将交叉审计与同级审计结合，避免造成任何一方错误审计。最后，积极运用互联网技术升级审计相关软件和板块，采用国外先进审计技术，不能一味地沉浸于传统的手工审计，应将信息化数据化审计带入社会保险基金审计中。

(四）加强审计人才培养工作

社会保险基金与日益变化的社会和经济环境息息相关，因此，审计人员方面要与时俱进，紧跟时事政策，不断学习，了解每项政策背后的历史背景和客观原因，并得出自己的心得体会，使自己在进行审计时面对新兴事物能更有底气和自信；另一方面建立人才培训机制，提升审计人员专业的知识和技能，及时掌握社会保险领域的相关法律法规、民生时事。对于年轻、积极向上的人员可以置于审计一线，开拓其创新精神，培养锻炼其专业能力，积极开展计算机水平测试，开展学术交流活动，才能使审计人员有效开展工作，对社会保险政策的改进提出合理性的建议。

(五）加快完善社会保险基金监管体系

规范社会保险基金在使用和投资运营中的管理，健全各项规章制度，建立社会保险基金信息公开机制，公开社会保险资金的投资运营情况，使人民群众可以通过各种渠道了解社会保险基金的使用，提高民众参与监督的积极性，同时利用社会舆论的力量，加强社会公众对社会保险基金监督的力度。此外，还有加强税务部门、财政部门的监管。税务部门要不定期对各种申报资料进行检查审核，财政部门要严格收支两条线管理，保证专款专用。同时，相关监管部门和各级地方政府部门要积极配合审计工作，加强员工的审计意识，及时发现并解决问题，以免造成更严重的损失。

（六）加强信息化建设

建立社会保险基金资源数据库，形成信息一体化的共享机制。数据库的完整性直接影响审计的结果，如果采集到的数据信息不规范、不准确、有遗漏缺失都会导致审计出现偏差。社会保险基金审计工作经手的部门机构多，但各有各的方式和软件。如果管理不统一，不及时进行沟通，就会导致部门之间的不协调，耗费大量不必要的时间，降低审计效率。应定期对全国全省的业务信息进行清理完善，查缺补漏，保障信息系统数据的完整性和准确性。同时，加强软件的开发和升级，维护不断更新的数据库，以免临时出现系统故障而延误数据采集时间。相关部门的信息共享有利于推动社会保险基金审计工作的顺利展开。

第四节　社会保险基金审计监管

社会保险基金离不开国家财政的支持，国家财政对社会保险基金进行宏观调控。社会保险基金运行结果也会对国家财政产生影响。参保人数越多，社会保险基金金额越大，就越容易出现问题。与此同时，由于相关设计机构非常庞大，但是设计人员却不具备相应的综合素质及专业水平，对于难度较大的工作不能胜任。因此，迫切需要加强对社会保险基金的审计监管工作。本节将对社会保险基金审计监管进行研究分析，以供有关人员参考。

社会保险基金是社会保障制度的基础部分，具有非常重大的意义，它主要是"社会的稳定器"。社会保险基金运转的情况不仅直接影响广大的参保人员与相关的利益人员，同时还关系整个社会发展的安全性与稳定性。虽然社会保险基金是由相关的经办机构进行管理的，但是并不属于经办机构，不能为社会保险经办机构直接创造一定的经济价值，但行政企业、事业单位、企业单位的财务管理活动可以为其创造一定的经济价值。社会保险经办机构只是代替行政部门职能的基金收支活动管理的主体，其与行政部门、事业单位、企业单位的财务管理具有一定的差异。社会保险基金与国家财政管理具有密切的关系。社会保险基金是国家进行财政宏观管理的重要杠杆，社会保险基金在客观上需要国家参与社会保险基金的合理分配与管理。本节从社会保险基金范畴展开分析，探讨社会保险基金监管原则，并对改善我国社会保险基金审计监管现状提出了几点建议，叙述如下。

一、社会保险基金的范畴

社会保险基金的目的和功能就是对劳动者在年老、生病、工伤、失业及生育等情况下进行帮助与补偿，是按照国家相关法律法规建立的一种专项基金。根据其目的不难看出，社会保险基金由五个部分组成，即养老、失业、医疗、生育、工伤保险。在社会保障制度中其具有核心作用，具有主体地位。和其他社会保障相比，社会保险基金覆盖面较小。社会保险基金的工作对象只是那些具有工资收入的劳动人员，但是社会保障制度的工作对象则是整个社会的全体成员。对于社会保险基金来说，不论采用哪种方式及渠道进行筹集，其本质上还是属于劳动者所创造出来的新价值的一小部分，在劳动者应有利益范围内，不属于政府或者是雇用单位对劳动人员的一种恩赐。

二、我国社会保险基金监管原则

（一）审慎原则

社会保险基金近些年来收缴结余越来越大，同时基金监管也面临越来越大的压力，一旦出现问题肯定会影响国家及社会稳定。所以，需要社会保险基金监管部门加强对社会保险基金的审计和重视，在监管过程中秉持严格监督、时时审慎的态度，从而保证基金的完整及安全性。

（二）法制化原则

社会保险基金监管想要保证其权威性及独立性，需要在相关法律法规的基础上，以《宪法》《社会保险法》为根本，由其他相关法律法规加以辅助，最大限度地确保基金的安全，制止任何对基金监管进行干涉的违法行为。

（三）科学性原则

想要确保在社会保险基金运营管理过程中能够更好地进行监督检查，社会保险基金的监管部门需要不断使用信息技术方法，在严密、完善的法律基础上，根据相应的监管指标体系，提高对社会保险基金的监管质量及水平，使得社会保险基金的作用和职能得以持续发挥。

（四）公平公正原则

社会保险基金监管部门应该坚持客观、公开等相关原则，通过行政、经济及法律等手段来履行监管职责。检查监督社会保险基金经办单位、管理部门及投资运行单位，必须避免出现违法违规情况。

三、改善我国社会保险基金审计监管现状的具体建议

（一）社会保险基金收缴和支出的审计监管

对社会保险基金进行监管时，需要由监管部门对相关部门及各个单位的资金收入、支出进行监督审查。需要监督社会保险经办单位是不是已经设立相关的设计科室及专职设计工作人员，这些部门及人员是不是符合国家相关的财经法律法规，审查监督本单位及其下属社会保险经办单位对于社会保险基金收支结存问题，避免违规。另外，还应该对管理部门的成本及经济效益进行审计核实，相关部门还需要培养一支专业素质较高的人才队伍，并需要审计监管征缴基数、范围及人数，不过这个过程离不开企业的配合。

（二）社会保险基金管理的审计监管

审计监督工作的另一项重要内容就是对经济效益或投资效益的审核。在对投资效益进行监督审计时，不仅可以从投入与产出方面进行分析，审计得出投资效益的数量及管理费等有没有侵害社会保险基金投资效益，还可以通过纵向对比，对基金的实际及预期收益进行比较，审计得出在进行证券投资及相关产品选择等方面有无不足，进而可以为后期的投资运作进行服务。

（三）生育和工伤社会保险的审计监管

所谓的工伤保险是指劳动者在工作中或在规定的特殊情况下，遭受意外伤害或患职业病导致暂时或永久丧失劳动能力及死亡时，劳动者或其遗属从国家和社会获得物质帮助的一种社会保险制度。而生育保险则指的是国家及企业在女职工生育期间中断生产劳动工作时，对女职工提供物质帮助的一种社会保险制度。现阶段各省实施的社会保险基金会计制度并不统一，也缺乏规范。因此，在对社会保险基金进行会计审查时，不能对工伤及生育保险的收入、支出等进行会计核算，相关审计工作也比较困难，所以，必须制定工伤、生育保险基金的会计管理制度。

（四）有效地运用舆论和媒体力量

通过利用舆论及媒体力量对社会保险基金进行公开监督。可以建立相应的社会保险基金信息披露制度，确保社会公众可以获得社会保险基金相应信息的权利，有利于对社会保险基金的运行状态进行实时监督。利用媒体向社会公布社会保险基金年度报告，报告内容主要包括经办机构情况、社会保险基金征收及支付的相关政策、实际征收及支付情况、基金结余等所有涉及参保人员自身

利益的内容，把社会公众及参保人员所关注的内容进行有效披露，接受全社会人员的监督。同时，在对社会保险基金的年度报告进行审计的时候，必须要由会计师事务所进行审计，并且提供相关的审计报告。社会保障资金的收支情况与相关的政策的执行情况，需要定期地向人大常务委员会提交审计报告，并且将审计结果向社会公布，还可以将其放到政府的网站上，让人们进行参考，充分地保证审计工作的透明化、公平化，让相关的事业单位与劳动工作人员充分地了解到社会保险基金的审计情况，自动地维护自身的合法利益。

总之，对于我国来说，社会保险基金的审计监管工作非常庞大，在这个过程中离不开各方面的支持与配合。在相关保障体系下，社会保险基金的审计监管会随之发展。社会保险与财政之间具有一定的内在关系，客观条件下需要国家的财政部门参与到对社会保险的分配及管理的过程中，强化和完善财政部门及审计监管部门在社会保险管理过程中的地位，以国家审计为主导，对社会保险基金进行多层次的审计监管，强化社会保险基金在筹集过程及运用和管理过程中的规范性，避免由于市场竞争导致的各种不安定因素的存在，确保资源配置的公平性，提高社会保障水平。

第五节　社会保险基金会计制度

社会保障体系的建设是关系国家民生的重大问题，社会保险是社会保障体系建设中的重要组成部分。社会保险基金会计制度是社会保险建设中的重要内容，对社会保险基金的管理与监督具有重大作用。

一、社会保险基金会计制度概述

（一）社会保险和社会保险基金的含义及内容

社会保险是国家通过立法形式，多渠道筹集资金，对参保人在年老、疾病、工伤、失业、生育等情况下依法提供物质帮助，使其享有基本生活保障的一项社会保障制度。我国的社会保险制度有基本养老保险、基本医疗保险、工伤保险、失业保险、生育保险制度。社会保险基金来源于参保单位和个人缴费，同时由政府补贴，并进行专门的统一管理以用于社会保险待遇及其他相关支出。我国的社会保险基金主要包括养老保险、医疗保险、工伤保险、失业保险和生育保险五个方面。

（二）社会保险基金会计制度的发展过程

我国有关社会保险基金会计制度的文件最早开始于1999年，财政部制定了《社会保险基金会计制度》；随着新型农村合作医疗等新增业务的出现，我国政府又提出要建立以大病统筹为主的新型农村合作医疗制度，财政部颁布了《新型农村合作医疗基金会计制度》和《新型农村社会养老保险基金会计核算暂行办法》等社会保险基金相关会计制度。因此，《社会保险基金会计制度》《新型农村合作医疗基金会计制度》《新型农村社会养老保险基金会计核算暂行办法》及若干项补充规定构成了我国有关社会保险基金会计制度。

随着社会保险事业的不断发展，党中央、国务院在推进社会保险制度改革、深化医疗保险制度改革等方面做了大量的工作，并且通过制定一系列的政策措施，达到"全面实施全民参保计划，尽快实现养老保险全国统筹"的目标。新型业务的不断出现，使原有的社会保险基金会计制度在保证基金的监督与管理方面受到一定程度的局限，已经无法满足新的社会保险基金会计核算需求。因此，2016年，财政部发布了《社会保险基金会计制度（征求意见稿）》，考虑特殊业务情况，允许特殊的会计核算方法和设置专用会计科目，目的是为社会保险基金会计核算提供统一的会计框架。该征求意见稿通过征集各个部门的意见，对社会保险基金会计体系进行了整合改革，财政部于2017年颁布了新修订的《社会保险基金会计制度》，且就新旧制度的衔接做出了有关具体规定，即《新旧社会保险基金会计制度有关衔接问题的处理规定》，新修订的社会保险基金会计制度于2018年1月1日起执行。

通过梳理我国社会保险基金会计制度的历史发展，可以看出我国社会保险基金会计制度的发展趋势是从各险种零散的会计制度向统一规范的会计制度发展的过程，并逐渐引入了"权责发生制"这一会计核算原则，新修订的社会保险基金会计制度建立了统一的会计科目体系，涵盖了新增社会保险业务，并对新增业务的会计核算进行了规定，在一定程度上满足了社会保险基金会计核算的要求，对社会保险基金会计核算具有十分重要的作用。

二、新旧社会保险基金会计制度的对比与启示

社会保险基金会计制度经过了从开始的零散、杂糅、不系统逐渐发展到统一规范、成熟系统的发展阶段，对比新旧社会保险基金会计制度可以发现，修订后的社会保险基金会计制度与原有制度存在以下几个方面的差异。

（一）修订后的制度全面覆盖社会保险险种

随着社会经济的发展，新的社会保险业务也不断发展，原有的社会保险基

金会计制度核算的范围是企业职工基本养老保险基金、失业保险基金、城镇职工基本医疗保险基金，现有修订后的社会保险基金会计制度适用的范围更加全面，新修订的社会保险基金会计制度适用于在我国境内依据《社会保险法》建立的企业职工基本养老保险基金、城乡居民基本养老保险基金、机关事业单位基本养老保险基金、职工基本医疗保险基金、城乡居民基本医疗保险基金、工伤保险基金、失业保险基金、生育保险基金等基金，并对以上保险种类进行了统一的会计核算规范，修订后的社会保险基金会计制度覆盖面更加全面，基本覆盖了全国统一的社会保险基金。

（二）修订后的制度对社会保险基金会计核算框架进行了统一规范

修订后的新的社会保险基金会计制度统一了各个险种保险基金的会计科目、业务流程核算与方法、财务报表格式，而原来的社会保险基金会计制度框架冗余繁杂，各个类型的社会保险会计制度核算不统一，分别核算各自的保险种类，缺乏统一的会计核算制度框架。从新旧社会保险基金会计制度的对比可以看出，新修订的社会保险基金会计制度体系更加规范统一，构建了"一套科目+一套报表"的社会保险基金会计核算统一框架，使社会保险基金会计核算更加体系化、规范化，有利于相关人员进行规范的系统性学习与运用。

（三）补充并完善了有关新增业务的会计核算规定

由于社会保障体系的不断健全，许多新增的社会保险业务不断出现，如跨省异地就医会计结算、大病保险处理、基本养老保险委托投资等业务的出现，原来的社会保险会计制度已不能满足新增业务的核算要求，故进行了相应改进：新修订的社会保险基金会计制度就跨省异地就医结算问题进行了规范，在"暂收款""暂付款"等科目中新增了跨省异地就医资金归集、划拨和清算的相关会计核算规定；针对大病保险盈余返还和亏损补偿的处理，新的社会保险基金会计制度将核算科目改为"大病保险支出"科目；针对新的保险业务基本养老保险委托投资业务，增加了"委托投资"新科目，在"暂收款""暂付款"等科目中补充增加了相关核算内容及核算方法；新的基金会计制度对社会保险基金报表体系进行了进一步优化，压缩报表层次，形成了"1+8"的报表体系。

三、新旧社会保险基金会计制度衔接过程中的主要问题

为了能够顺利推进新的社会保险基金会计制度的实施，确保新旧制度顺利衔接、平稳过渡，财政部印发了《新旧社会保险基金会计制度有关衔接问题的

处理规定》，新的社会保险基金会计制度迎来了新的发展机遇，同时也面临着新的挑战，主要有以下几点问题。

（一）宣传较少，实施过程滞后

新的社会保险基金会计制度在实施时，相关工作人员学习、宣传的力度不够大，且专业系统的引导、指导较少。在新的制度刚开始执行的过程中，面临着开始难、缺乏专业指导等问题，造成新的社会保险基金会计制度实施滞后，且实际执行过程中出现各种各样的问题，使社会保险经办机构及相关工作人员面临新的挑战。

（二）社会保险管理体制复杂，难以统一核算

我国社会保险经办机构没有实现省统筹、国家统筹，县级社会保险机构是最小级的行政管理单位，除特殊地区外，大部分地区以县统筹为主要目标，难以实现社会保险基金在全省、全国内的统一筹划。部分地区之间可能会为了各自的利益，不考虑整体情况，造成冲突不断发生，而且在实际执行过程中，各个县级地区的社会保险机构可能会根据自己的经济状况制定灵活的核算标准，使各个省市和中央之间社会保险核算难以实现统筹，影响新的社会保险基金会计制度的实施。

综上所述，为了使新的社会保险基金会计制度能够顺利执行，一方面，应该加强宣传、培训方面的工作。利用网络平台及多种渠道形式，加强对有关工作人员的培训，进行相关的专业指导，对在实际执行过程中可能发生的问题进行预先设想，引起相关工作者的关注及学习，尤其是对那些在执行过程中实际操作的工作人员进行系统性的培训和学习，帮助社会保险基金经办机构及工作人员掌握新的社会保险基金会计制度的内容和主要变化，针对实施过程中遇到的会计问题，加强实施情况的反馈与跟踪，及时解决出现的各类问题。

另一方面，进一步完善社会保险基金管理制度体系的建设。理顺社会保险基金管理体制，加强管理与监督，进一步防范社会保险基金的运行风险，履行社会保险经办机构的职责，提高财政监督水平，促进全国、全省的社会保险基金统筹规划与核算，按照目标要求，将各省、各市、各县的社会保险基金统筹归集到国家，平衡各地区间的利益关系，实现社会保险基金管理体制的升级与优化，提高会计核算的工作效率，使新的社会保险基金会计制度的实施效果能够更好。

第二章 社会保险基金模式

第一节 社会保险基金征收存在的问题及模式

随着我国经济的发展,社会保障体系的构建越来越成为人们关注的焦点。社会保险如何征收事关国计民生,而如何解决征收过程中存在的问题已经刻不容缓。本节试图从社会保险税与社会保险费的比较入手,结合我国国内社会经济发展及社会保障费现状来探讨分析我国社会保险基金征收方式的有效改革方案。通过对比分析,笔者认为,我国社会保险更适合采取"税费结合"的模式,即统筹账户以"税"的形式征收,而具有私人性质的个人账户以"费"的形式征收,并针对这一结论给出了一些模式设计建议。

社会保障与每个公民的切身利益息息相关,已经成为当代社会文明进步的重要标志之一。特别是社会保险,作为社会保障机制的核心,有着独立资金收入来源,而稳定、可靠、充分的社会保险基金又是社会保障体系有效运行的基础。然而,税制要素设计、部门职权划分等诸多因素使得社会保险征收体制改革呈现胶着状态。鉴于此,有必要深入思考社会保障机制改革思路,衡量各种征收模式,尽快推出社会保险征收改革方案。

国内理论界对社会保险基金征收方式进行过热烈的讨论,大部分学者倾向于社会保障"费改税"的观点:张磊、李晶主要从征收效率、制度统一性、收入分配、监管质量等角度给出理由,对我国开征社会保险税进行了肯定;张俊芳分析了我国开征社会保险税的必要性和可行性;贾康、王玲,徐向明、伍克胜对社会保险税的框架设计进行了探讨;王燕等利用可计算一般均衡分析从养老金隐性债务、转轨成本等方面进行了理论说明,指出目前的现收现付体系不可持续,而社会保险税代替缴费,财务上是可持续的;崔光营指出开征规范的社会保险税是大势所趋;刘植才、杨文利运用公共经济学理论与政府权能理论论述了课征社会保险税的理论依据,并分析了我国开征社会保险税的现实意义。

然而一部分学者反对以"税"的形式征收社会保险基金:郑秉文从国际发展趋势、制度环境、经济发展水平、征缴及监督问题的本质原因入手,建议缓征社会保险税;叶檀则认为社会保险税不能弥补资金不足,会造成不公,因而反对"费改税";杨志勇认为,考虑到税收负担、制度基础、部门职能划分等诸多因素,建议不宜在没准备好前就盲目实践;李绍光对工薪税税收归宿和劳动力供给特征进行分析,指出在不同阶层间收入分配差距过大时征收社会保险税无法缩小社会净福利差距,表明在我国开征社会保险税的时机还未到。

另一部分学者则认为社会保险基金应采用"税费结合"模式:吴文芳论述了社会保险中公共属性较弱的项目如城镇职工养老保险采用缴费方式,而公共属性较强的项目如城乡居民养老保险等采用缴税方式;李运华、殷玉如则通过社会保险费和社会保险税的对比分析,得出"税费结合"的结论;胡琴芳从理论与实践两方面分析中国社会保险筹资模式,并提出税费结合方案设计措施;吴国玖基于代际交叠模式提出以"税"筹集基础养老金,基于生命周期模式提出以"费"筹集个人账户养老金。

从以上文献综述可以看出,对社会保险基金征收方式的选择,不同学者有不同的观点,分歧主要在经济环境、权利和义务的对应性,以及开征社会保险税是否能切实解决当前模式所存在的问题方面。本节在主张采用社会保险基金税费结合模式作为改革总体思路时,跳出传统的公法－私法的二元结构局限来认识社会保险费,以社会保险税、社会保险费两种模式的不同特点为基础,逐步深入分析社会保险税费结合模式的可行性及有效性,同时基于税费模式给出了相关政策建议,以切实解决现行征收模式存在的问题,推进社会保险制度发展。

一、我国目前社会保险基金征收存在的问题

我国的社会保险基金征收主要采用行政事业收费方式,采用社会统筹账户和个人统筹账户相结合的"统账结合"管理模式,并按照社会保险类别分别设立保险基金。职工个人缴费全部计入个人账户,单位缴费由统筹地区根据个人账户支付范围和职工年龄等因素确定比例,部分划入统筹账户。尽管社会保障体制改革进行了多年,其征收方式不断改进、完善,但是,随着我国市场经济体制的不断发展,社会保险基金征收显现出了诸多问题。

(一)征收覆盖率低

近年来,我国开创性地实现了城乡居民基本养老和基本医疗保障制度的全

覆盖，扩大了社会保险覆盖面，但在实际中仍有一部分群体游离于社会保险体系之外。这些群体大多是失业风险相对较高的非正规部门劳动者，也是最应该被给予社会保障的对象，如一些非公经济组织的从业人员、个体经营者、灵活就业者、农民工及被征地农民。这些群体无法参保的原因一方面是由于个人购买力不足，无力负担持续的社会保险缴费；另一方面则源于现行模式可及性不足，以至于没有参保的机会。

（二）征收刚性不足，阻力较大

我国社会保险基金的行政性收费方式缺少坚实的法律基础，约束力比较弱，征收阻力较大，征收效果不尽如人意。在实际征收工作中，困难企业拖缴、欠缴社会保险基金的现象时有发生，虽然大部分地区如北京、广东等省市已经委托税务部门代征，征缴率有所提升，但在代征模式下，税务机关往往仅实行了催款的职能，缺乏管理自主权，无法利用自身专业优势和资源有效征管。

（三）监管机制不完善，风险较高

按照我国现行《社会保险基金财务制度》规定，社会保险经办机构编制的年度基金预算草案由劳动保障部门审核汇总并报财政部门审核，经同级政府批准后，即可由财政部门向劳动保障部门批复执行，仅需向上级财政和劳动保障部门备案，无须经同级人民代表大会审批。此外，社会保险基金决算也仅需报同级财政部门审核后，由同级政府批准即可，同样不需经过人民代表大会审批。可见，在现有制度规定下，社会保险基金征收管理并未纳入政府预算统一管理体系，使得各级政府拥有了过多的自主裁量权，脱离了人民代表大会的监督，保险经办机构的征收、支出工作并未得到有效的监管，结果是社会保险基金的安全性、公正性、合理性潜藏着较高的风险。

（四）征缴主体不一，成本较高

2011年7月实行的《社会保险法》明确了社会保险费征收机构的职责和权利，但未明确社会保险费的征收由哪一个机构来负责。尽管大部分地区实行由地税机关代征社会保险费，但实际上，地税部门通常能够征收的部分十分有限，主要代收某些企业职工社会保险费，而灵活就业人员、城镇居民社会保险多由社会保险征缴大厅办理征收，在农村地区，多由农村基层社会保险干部上门收缴或银行代征。多头征管会导致征缴过程常常出现方法、政策、信息不统一等问题，这些都会使社会保险基金的征收产生不必要的费用和管理成本。

（五）经办机构职能复杂，服务质量较低

根据相关规定，我国社会保险经办机构既要负责参保单位信息采集登记、账户管理及社会保险费的审核和发放，又需要负责社会保险基金的运营。然而，社会保险经办机构在现有的征收模式下，将工作重点多放在征收和运行基金上，疏于其他方面工作的管理，忽视了对离退休人员资格及待遇审核、养老金发放等服务性工作，导致出现工作漏洞。在人口老龄化、农村城镇化及医疗费用不断上涨等因素导致基金支出紧张的情况下，保险经办机构的工作漏洞无疑又加剧了基金征收压力，形成恶性循环。

（六）缴费政策不统一，互济功能弱化

现行社会保险基金筹资办法政出多门，社会保险在不同地区间的缴纳标准、收支状况有较大差异。地区差异使不同地区负担水平和保障水准不一，难以形成全国统一的社会保障体系，影响了劳动力的合理配置和流动，易造成经济欠发达地区人才缺失、外流。

二、我国社会保险基金征收模式选择

社会保险税与社会保险费模式各有特点，社会保险税和社会保险费既有共同点也有区别点。社会保险税在基金管理、调控能力、法律效力等方面优于社会保险费，而社会保险费在权利义务关系上表现出更多的公平性。但在探讨适用于我国的征收模式时，需要结合我国社会保险费征收现状、社会经济发展情况进行合理分析，理性选择我国的社会保险基金征收模式。

（一）社会保险税模式

在我国开征社会保险税的优势主要体现在以下几方面。

1. 能够进一步提高我国社会保险基金筹集效率

以社会保险税替代目前的行政事业收费方法，能使社会保险费的征收具有严密的法律依据，税务部门能够作为真正的征收主体充分利用自身优势及税务系统所拥有的丰富的信息资源对纳税人的申报进行核实、审查，降低信息不对称风险，防止纳税人少缴、漏缴。同时，社会保险税纳入税收程序法的调节范围内，税务机关可以运用《中华人民共和国税收征收管理法》（以下简称"《税收征管法》"）规定的强制手段应对偷逃社会保险税的行为，提高征收质量。

2. 利于国家权力机关和社会公众对社会保险基金的运行进行监督

在社会保险税的模式下，税务机关负责征收，保险经办机构主要提供服务

及运营社会保险基金，各职能部门权责明晰，分工协作，有利于实现征收管理透明化、层次化，保证社会保险基金合理筹集、运用，促进社会保障实现过程监督，有效防治社会保障体系高风险漏洞。

3. 现行社会保险费"条""块"分割的局面将被打破

实行统一的税收政策，有利于加快社会保险基金的省级统筹乃至全国统筹。将社会保险税归为中央与地方共享税，中央部分由国家统筹安排，地方部分作为地方社会保险支出，国家财政部门根据各地所需进行转移支付，从而能够增强社会保险的互济性。

不可否认，开征社会保险税确实能够解决我国现行社会保险费模式下存在的一些问题，但是，一旦开征社会保险税将无法避免以下问题。一是从公共产品的界定来看，社会保障的非排他性、非竞争性表现得并不十分充分，其性质更接近"准公共品"，特别是社会保险，无法像国防一样无差别地惠及所有国民，尤其是我国社会保险中的城镇职工养老保险、城镇职工医疗保险等项目针对特别群体，并不具有普惠性。因此，对我国各保险制度均采用税收模式征收并不合理。二是费改税牵扯到很多复杂问题，比如，我国目前实行分税制，中央与地方政府间事权、财权需要有效匹配，社会保险税的开征涉及社会保险基金如何划分以使资源合理配置、各政府层级间利益冲突最小等问题。三是税率、计税依据等税收要素的确定也需要进行多方面综合考虑，社会保险税大多实行单一比例税率，税率过高，则企业、个人承担比例过大，损害其利益；然而过低则国家财政负担过重，不利于国家经济发展。

（二）社会保险费模式

基于社会保障属于"准公共品"的论述，行政收费是满足权利与义务对应的有效手段。收费是国家行政、司法机关及事业单位为行使特定的社会管理职能而向被管理者收取的一定数量货币或同值资产，具有灵活性、受益性的特征。从社会保险费的有偿交换特性这一点来看，在社会保险的准公共品的属性下体现出更多的"公平性"，多缴费则多受益，也是比较可行的。

德国的《社会法典》将社会保险费的征缴权赋予海关，并规定海关享有强制执行权，以确保社会保险费的有效征收，包括冻结银行存款、扣押、查封、拍卖相应金额实物资产等。这些措施使德国社会保险费欠缴、拖缴现象很少出现。所以，我国如果将强制执行权赋予税务机关，允许其在代征过程中适用《税收征管法》相关条例，运用强制手段，是解决社会保险基金征收困难、筹集不及时的一个有效方法。

（三）我国实行社会保险税费结合征收模式分析

从以上分析来看，无论是社会保障"费改税"，还是改进社会保险费制度，都不是适应我国经济、社会情况的最优改革方案。既要解决目前社会保险征收模式中存在的诸多问题，又要能在国内有效推行，可以采取社会保险基金税费结合征收模式。采用税费结合模式能够基本结合社会保险税与社会保险费各自的优势，削减劣势，结合我国现状来看，有诸多现实意义。

1. 保障基金收入稳定可靠，监管有效

统筹账户采用税的方式，企业、个人、税务机关三方都有了法律支撑，税务机关也能借助自身的征收经验和优势改善社会保险基金征收不力的状况，切实保障保险基金及时足额进入国库。个人账户实行缴费制度，专门积累基金，个人缴费越多，账户基金积累越多，未来能够享受到的待遇也更好。税费配合的形式改变了现行缴费体系的混乱局面，使社会保险基金来源充分、稳定。另外，由税务机关全面征收社会保险基金，实行社会保险基金收支两条线分开运行，利于监管部门进行监督、审查，改善现行征管风险较大的境况。

2. 有利于社会保险基金的全国统筹和调剂

统筹账户在全国范围内采用税的形式，使统筹账户内的社会保险基金纳入了国家预算，能够由财政部进行统一调配和使用。财政部能够以全国范围的宏观视角，综合考虑我国各地区经济、人口结构、劳动结构等因素，合理地调动社会保险基金，推进各地区平衡发展。此外，社会保险税的开征解决了缴费制下劳动力在不同地区间流动而社会保险基金却无法随之转移的困境，为人力资源大范围合理流通提供了坚实的保障。

3. 建立兼顾公平与效率的社会保险体系

仅仅实行社会保险税或社会保险费都会产生公平与效率不协调的问题，然而公平与效率关系是一国社会保险制度权衡的重要问题。税费结合方式中个人账户缴费形式的基金完全积累制弥补了在实行社会保险税模式下造成的权利义务不对等的缺陷。而统筹账户的缴税形式扩大了社会保险制度覆盖面，统一了税率，所有纳税人享有相同的社会保险收益。这不仅使社会保险基金收支工作提高了效率，又改变了现有缴费模式下不同地区、不同行业、不同部门由于不同缴费率而导致的不公平现象，加强了社会保险制度再分配功能的实现。

三、结论与政策建议

社会保险基金以税费结合方式征收将涉及多处调整，结合我国实情，本节提出以下一些建议。

（一）税费结合方案设计

1. 纳税人范围

社会保险税与社会保险费的纳税人涉及两类，一类是纳税单位，一类是个人，纳税单位应包括各种企事业单位、社会团体、各经济组织，个人则多指职工个人。其中，对于是否将农民纳入社会保险税的纳税人有很多争议。笔者认为，农民需要纳入征税范围，目前可先在适宜地区试点，待时机成熟逐步推广至全部地区。原因主要有以下几点：首先，对于农民而言，要走出过度依赖家庭养老模式的困境，就需要社会保障体系的支持。例如，英国以《济贫法》辅助社会保险税，用征税办法救济贫民；美国的《社会保障法》列出专门条款以保障农民在遭遇各种风险后，能够享受到基本的生活，并能得到社会安全保障机制的庇护。其次，统筹城乡发展、缩小城乡差距是十八届四中全会的重要议题，也是统筹我国经济均衡发展的重要路径。新型农村合作医疗、城乡居民养老保险并轨都不断推动城乡一体化，如果社会保险税将农民拒之门外，不但会打破一体化进程，反而可能加重差距。最后，我国目前农业和农村经济总体向好，农民收入近年来保持持续快速增长，表明我国部分地区农民已经具备了经济能力。

2. 税率与费率

国际上通常以比例税率作为社会保险税税率设置形式，一般是全国统一的比例税率，我国目前社会保险费也是采用了比例税率形式。在推进税费结合的模式时，可继续采用现行的分项比例税率，按照不同保险项目设定不同的税率及费率。税率设计既要充分考虑支出需要，又要结合我国人口老龄化趋势综合考虑。此外，我国经济发展不均衡，东部地区经济发达，人均工资水平高，西部、西南部等地区经济发展缓慢，人均工资则相对较低，为了保证社会保险税的统一性、对等补偿性，可以在西部等经济落后地区采取在标准税率的基础上对满足特定收入条件者实行优惠税率的方法。在全国的统一标准下，各地也可以有适当浮动，实行弹性费率，但需要上报国务院人力资源和社会保障部审批。

3. 税基与费基

社会保险税通常以工薪作为税基，税费结合模式下，企业与个人缴费由于分别进入不同的账户，基金功能也不相同，在以工资为基数的标准下，可以实行"双基数"办法：将企业缴税与个人缴费基数分开核定，单位按企业工资总额计算，有基数下限但无上限；个人仍按现行规定缴纳。这既可以简化社会保险制度的征收程序，又可以充分发挥社会保险基金功能。另外，对于纳入社会保险税的务农农民，其收入为非工资性收入，不适用上述税基，因此，针对农民可以设置特定的收入基数，根据收入基数缴纳对应的金额。

（二）拓宽筹资渠道

我国进入经济新常态阶段，国民经济增长放缓，职工工资增长也将减速，因此按工资比例收取的社会保险基金收入增幅也将下降，然而随着人口老龄化加速、农村城镇化持续发展及医疗费用的不断上涨，基金支出将继续保持增长态势。据统计，从2000年至2013年，城镇职工基本医疗保险基金收入年均增幅33.2%，而支出年均增幅达34.39%。尽管在税费结合模式下，能有更多的社会保险基金收入，但以社会保险缴税、缴费为主的社会保险筹资方式仍然需要其他征收渠道来支持基金支出需要，可以将国有资本部分经营收益纳入社会保险基金，填补缺口，还可以完善并加强利用国债、彩票发行收益筹集社会保险基金制度。据《2011年度中国福利彩票公益金使用情况报告》显示，2011年福利彩票发行1 277.97亿元，筹集福彩公益金达388.7亿元，上缴中央194.35亿元，用于补充全国社会保障基金、社会福利事业等公益事业，地方留成194.35亿元由民政部门使用，可见彩票发行收益有相当大的潜力。国有资本收益及国债、彩票发行收益均能够填补社会保险基金缺口，为税费结合模式下做实个人账户做铺垫。

（三）推进社会保险基金保值增值

在税费结合模式下，社会保险税缴入社会统筹账户，直接进入国库由财政部管理运营，而社会保险费则缴入个人账户，由社会保险经办机构管理，由于个人账户实行基金完全积累制，那么就存在社会保险基金保值增值问题。目前，我国社会保险基金缺乏多样的投资运营渠道，往往大部分都存在银行的财政专户中，不断积累，然而活期利息较低，常常出现专户资金大量贬值。社科院世界社会保险研究中心主任郑秉文通过测算指出，2000—2008年社会保险基金的投资收益率还不到2%，并且规模越大，贬值风险越大，社会保险基金整体上处于缩水状态。由此可见，在社会保险基金积累过程中，政策制定者需要充分考虑通货膨胀、货币贬值等因素，确保缴费人能够在未来获得正收益。对这一问题，国内理论界也有相同的建议，即实行社会保险基金与物价指数挂钩，推进社会保险费的指数化。此外，应为社会保险基金开辟更多的投资运行渠道，使其在市场环境下保值增值，降低贬值风险。

第二节 农村社会养老保险基金投资模式

随着我国农村经济体制改革的全面展开，农村人口老龄化进程的加剧，农村社会保障问题尤其是养老保险问题日益突出。

一、农村社会养老保险概述

（一）农村社会养老保险的概念

农村社会养老保险指根据宪法和法律的相关规定，由政府组织对农民实施的非营利性质的社会福利事业，它是由非城镇户口和不由国家供应粮食的农村劳动者、劳动者所在单位的社区、国家三方共同筹集资金，在劳动者和其家属因年老丧失劳动能力，减少或完全失去经济收入时，由社会和国家给予基本生活保障的制度。

（二）农村社会养老保险的特征

1. 具有社会福利性

农村社会养老保险是国家的社会政策行为，国家和参保农民的关系不是建立在商业原则上的互利交换关系，而是一种服务与被服务的关系。

2. 具有系统性特征

农村社会养老保险涉及农村千家万户，关系到社会的各个领域，它的政策性、思想性、业务性、经济性都很强，是一项复杂的系统管理工程。要把这一项工作抓好就必须从头抓好，正确处理好分级管理和集中统一的关系。工作的重点在县，以县级为基金的基本核算单位和基层管理层次。

3. 具有连续性特征

农村社会养老保险制度的建立有开始没有终结：一是每个劳动者都逃脱不了自然法则的约束，都会走到老有所养的阶段；二是保险对象是广大的农民，而中国的农民对这种养老制度的要求只会越来越高。因此，农村社会养老保险要有连续性，要对子孙后代负责。

二、农村社会养老保险基金投资的必要性

（一）农村社会养老保险基金投资的概念

农村社会养老保险基金投资是指将农村社会养老保险基金暂时闲置的部分直接或间接投入经济或金融活动，以便给基金带来收益，保证基金保值增值的活动。为使农村社会养老保险基金避免通货膨胀、参保人员平均寿命的增加及生活水平的提高等带来的影响，必须对保险基金进行投资，以求保值增值。

（二）农村社会养老保险基金投资的必要性

1. 物价上涨

随着经济的不断发展，物价在一国经济发展过程中常常会发生变动，尤其是在对外贸易的不断扩大带来的输入性通货膨胀的影响下，物价往往表现出上升的趋势。物价的上涨使得基金在一定程度上贬值，几十年积累起来的保险基金可能在发放时远不能达到预期的保障要求。为使物价上涨对基金贬值的影响减到最小，对基金进行投资是非常必要的。

2. 参保人员平均寿命的延长及生活水平的提高

社会经济的发展使农民生活逐步由温饱走向小康，生活水平不断提高，因而保险金仅仅维持参保人的生活水平是不够的，还要满足其不断增长的需求。同时，医疗水平的提高也使社会成员平均寿命增加，参保人被保障的时间增加了，这对保险金提出了更高的要求。

3. 现行投资模式缺乏规模经济

现行的农村社会养老保险基金主要以县（市、区）为单位进行统筹，并对其进行管理。由于经济发展水平的制约，县级单位一般不具备基金管理的人才，农村社会养老保险基金的管理手段缺乏、专业化程度低、运行分散，基金的投资缺乏规模经济。随着农村社会养老保险参保人数的不断增加，覆盖面不断扩展，如何形成更好的规模经济，是基金投资过程中迫切需要解决的问题。

三、我国农村社会养老保险基金投资存在的问题

（一）利率倒挂，负债经营严重

近年来，虽然国家实施宏观调控，但通货膨胀率却一直在上升，基金保值增值压力大。一方面国家对农村社会养老保险基金的投资范围有较大的限制，对那些风险较高的投资领域则禁止养老保险基金的进入；另一方面目前我国资本市场发展不完善，投资品种单一，基金投资国债的收益率低于增值保值率。

（二）基金投资主体的非专业性

目前，我国农村社会养老保险运营主体主要是各地的保险经办机构，而不是专业的基金管理机构。保险经办机构由于缺乏金融投资领域的专业人才，且他们的主要任务并不是投资运营基金，这就造成基金的收益率差。

（三）缺乏多元化的投资渠道

长期以来，我国农村社会养老保险基金实行纯基金制度，其目标是长期收支平衡。当前我国资本市场和投资市场发育不完善，法律法规还不健全，基金进入资本市场还需要一个过程。现阶段我国农村社会养老保险基金主要是投资于银行存款和购买国债，投资渠道单一。

（四）缺乏良好的监督机制和科学的投资风险预警机制

我国的农村社会养老保险在1998年以前由民政部独立管理，1998年以后就交给了劳动与社会保障部，其权利缺乏监督是基金安全难以保障的关键。另外，到目前为止，养老保险基金市场还没有建立起一套完善的投资风险预警机制，导致基金投资运营风险无法得到很好的事前监控。

四、农村社会养老保险基金投资模式——组合投资

（一）现代资产组合理论

现代资产组合理论也称现代证券投资组合理论、证券组合理论或投资分散理论，该理论认为有些风险与其他证券无关，分散投资对象可以减少风险，即"不要把所有的鸡蛋放在同一个篮子里"。它将风险分为系统性风险和非系统性风险，前者无法通过分散化投资进行规避，而后者则可以通过分散化投资进行规避。现代资产组合理论最早是由美国经济学家哈里·马科威茨于1952创立的，他认为最佳投资组合应当是具有风险厌恶特征的投资者的无差异曲线和资产有效边界线的交点。

（二）基于资产组合理论的农村社会养老保险基金投资策略

在农村社会养老保险基金的投资过程中，安全性与流动性很重要，因此农村社会养老保险基金投资应在风险最小的前提下实现收益最大。对马科威茨资产组合理论的应用主要在于其无差异曲线应更偏向于预期回报轴，基于前面所介绍的现代资产组合理论，提出以下几点组合投资策略。

1. 固定比例组合投资策略

固定比例组合投资策略要求将农村社会养老保险基金按照固定的比例投资于国债、银行存款、短期贷款、公司债券等国家法律法规允许的领域。其操作规则是某种资产的价值上升或者下降的时候就迅速买进或者卖出该种资产以保持原投资比例保持不变。这种投资的特点是能使养老保险基金保持较低的成本状态，当某种资产的价格涨得较高时就买进其他资产，当某种资产的价格降得较低时就买进该种资产。这种策略能使养老保险基金真正增值，不会因为过度奢望价格进一步上涨而使已得的收益化为泡沫。

2. 平均成本组合投资策略

平均成本组合投资策略的主要特征是每隔一段固定的时间，以固定的金额去购买某种资产。由于金融资产的价格是经常变化的，因此每次购买到的资产的数量也是不一样的，资产价格较低的时候可以买到较多的资产，资产价格较高的时候则购买到的资产数量较少。养老保险基金采用这种方法实际上是把资产价格的变动和资产份额的变动相抵消了，在一定时间内分散了以较高价格购买资产的风险，长期则降低了购买资产的平均成本。这种组合投资策略收益率较低，并且每次交易的间隔时间不能太短，如果长期坚持投资，则收益率还是很可观的。

3. 买入并持有的组合投资策略

买入并持有的组合投资策略操作相对简单，主要是指养老保险基金在按照恰当的资产配置比例构造投资组合后，在相当长的时间内不改变资产配置状态。采用这种组合投资策略会将投资组合的风险完全暴露在市场风险下。虽然它能够降低交易成本和管理费用，但同时也放弃了根据市场行情变化采取相应措施获得收益的机会。这种策略比较适于资本市场环境变化不大，或者组合配置成本大于收益的状态，且比较合适长期投资计划。

4. 顺势操作组合投资策略

顺势操作组合投资策略是基于以下假设之上的：资产价格都会随着市场行

情的变化有升有降。养老保险基金应该追随比较强势的资产，必要时要做空那些价格走势不好的资产，所以又常称为"更换操作策略"。这种组合投资策略在多头市场上收益率比较高，且常常伴随较高的风险。

5. 保值投资组合策略

保值投资组合策略是指选择收益率比较有保障的资产进行投资。当前形势下，我国的农村社会养老保险基金主要是将养老保险基金投资于国债、企业债或者银行存款等收益比较有保障的资产。它操作的原则是每种投资都应有正的收益率，在经济萧条或者投资收益少的时候该种方式会具有较高的收益率，但在经济高涨或者其他资产收益率比较高的时候，该种投资方式的收益也会受损。

以上几种基于资产组合理论的农村社会养老保险基金的投资策略可以根据对市场的预测选择使用，可以单一使用也可以多种策略同时使用。

第三节 社会保险基金保值增值模式

一、我国社会保险基金研究现状

社会保险基金资产要求安全性和保值增值是基金资产管理的第一要务和至上原则。各学者研究了社会保险基金保值增值存在的问题并给出了建议。

首先，通过统计数据分析基金投资和增长面临的风险。杨长汉根据统计数据比较，直观反映出社会保险基金保值困境，从中可以看出，当前的基金投资和增长情况面临巨大风险。庞波从我国社会保险基金总体投资现状出发，得出我国社会基金的投资属于传统型，并存在以下问题：第一，基金在宏观管理上存在问题；第二，基金的投资领域相比较国外其他发达国家投资来说过于狭窄；第三，基金没有来自社会各个方面的监督和制约，容易出现问题。

其次，研究养老保险"三三制"投资策略。胡萍在分析我国资金运营现状后提出完善资金投资应从参保者个人基金账户、基金运营委托制度、我国金融市场等几方面出发，使用"三三制"投资策略：拿出社会养老保险的三分之一进行安全谨慎性投资，目的是实现资金基本保值；再拿出三分之一资金购买安全系数高的社会基金，为资金增值提供保障；另外三分之一投放在股票市场上，为基金带来高额利润回报。以上基本可以满足社会保险基金的保值增值要求。

最后，分析了中国社会保险基金在保值增值方面主要存在的问题。赵伦钧、石金明认为，主要问题有：一是基金的统筹层次比较低，以养老保险为例，实际的统筹仅仅局限在市一级，阻碍了基金投资规模效益的实现；二是相关部门人员对基金保值增值缺乏认识，基金在管理上受到制度的制约影响大。因此国家应制定科学合理的基金运行计划，提高基金的统筹层次，改变基金运行管理模式等。杨良初认为，中国经济的人口红利正在消失，基金投资也已丧失"人口红利"带来的好处，如果不改变社会基金的投资形式，将使社会面临巨大风险，因此从决策机构到基金管理部门都应关注这一问题，不断完善社会保险制度，发挥"人口红利"后期作用，健全社会保险基金的运行机制，尽量在中国老龄化高峰来临前做好充分准备，以保证基金的良性循环。

二、国外社会保险基金保值增值模式

智利社会保险基金主要依靠私人主体来运营。智利政府仅仅发挥着监管的作用。其主要模式是以市场为基础，依靠优胜劣汰的市场原则，使市场上各金融管理公司竞争，由此为受保人提供优质服务，基金管理公司也会通过价格区分出优质客源，双方互惠互利，为了保证客源稳定，基金公司在基金投资运行上必然会做充分的投资分析，以实现较高投资收益。政府作为社会管理者，其作用主要是对基金公司监督管理，对保险投资项目管理等。通过市场运行大大增加了智利社会保险基金的回报率。

瑞典的社会保险基金管理允许管理人参与账户的管理，政府扮演基金管理者和资金委托人的中间角色，目的是将二者分离开来以便节省不必要的成本。政府的具体工作包括基金个人账户的登记和结算，当参保人达到法定退休年龄后，政府将其账户资金全部购买保险公司的产品，再通过市场竞争选择合适的保险公司，以实现资金的增值。其一般购买的投资组合有股票、政府债券及公司股票等多种形式。

新加坡是属于强制性储蓄型的资金模式。社会保险基金又被称为中央公积金，公积金存款利率一般不是由市场决定而是由政府设定的。公积金的投资渠道比较广，可以购买股票、债券，也可以购买公共住房做投资，甚至可以购买储蓄保单等，以此将资金投放在二级市场上。

英国社会保险基金属于现收现付形式。其注重当前资金筹集的横向收支平衡，社会保险资金的投资一般由政府监督，投资相对比较谨慎。资金主要来源于个人缴纳的所得税及国民保险金，资金的投资运营由控制着 500 亿英镑国民保险金的"国债消减委员会"负责，当年征收的社会保险基金支付当年社会保险开支，剩余的部分全部购买国债，或者存入银行。由此可以看出其资金投资渠道比较保守。

三、社会保险基金的管理

（一）社会保险基金管理中的"委托—代理"关系

"委托—代理"出现在社会保险基金由筹集到使用的各个环节，涉及的部门也比较多。为了抵御年老、疾病、失业、工伤、生育等各类风险，社会公众拿出自己的一部分所得参加社会保险，即出现投保人与基金管理者的一级"委托—代理"关系，投保人将自己的保障权委托给资金管理运营部门，以保障自己在遭遇各类风险时，能够有能力应对，社会保险基金的管理人可以在管理权限范围内对资金进行投资。因为在我国，参加社会保险具有一定的强制性，因此一级"委托—代理"关系也是具有强制性的。社会保险基金的管理者仅仅对资金的收集和发放进行管理，基金的运行则交由专业经理人代为投资。因此社会保险基金管理人与基金投资人之间又形成了"委托—代理"关系，称为社会保险基金二级"委托—代理"，相比较一级"委托—代理"关系来说，二级"委托—代理"具有明显的市场性质。"委托—代理"下社会保险基金要实现保值增值，必须规避"内部人控制"的风险。

（二）社会保险基金投资运营

社会保险基金的投资运营是基金能够实现可持续发展，社会保险制度能够顺利进行的关键因素。在国内，周小川最先提出应该增强对基金的管理和风险防御。李珍、刘子兰强调应该实现养老金的多元化投资，同时还分析了各种投资工具，并且提出要实现养老金的保值增值应使养老金入市，对入市的规模和途径做了分析。郑秉文借助国外经验，分析了美国补充养老计划运行模式。随着老龄化社会的来临，我国的社会保险基金"部分积累制"必然会发展成"完全积累制"。而对于养老金入市的呼声，郑秉文认为，为了实现基金可持续发展，应该将养老金变成一个"国际风险投资基金"，这类基金与国家基本保障制度分离，成为"补充制度"。

（三）社会保险基金管理中的特殊状况

农村在社会、经济、人口文化等方面处于欠发达阶段。对社会保险的认知度较低及不信任使农民参保意愿不强。农村社会保障基金的筹集、运营、监督都存在很多问题。以农村养老为例，陈文满指出，我国农村社会养老保险制度的关键问题是资金来源缺乏，养老保险基金管理模式不完善，农村社会养老保险基金的管理直接影响到农村社会养老保险事业的发展，因此他提出，要对农村社会养老保险基金进行规范化管理，以实现农村社会养老保险基金的良性运转。华雯文、范融泽从农村社会保险基金的现状出发，总结出农村社会保险基金的问题：基金没有独立预算、收支不明确、权利与责任划分不清、城乡间基金差距比较大，所以农村养老保险基金的改善必须要建立完善的基金管理制度以及监督机制。蒲小红、成欢鉴于西部地区新农保人口流动性大、对基金需求增长快、基金波动大的特点，认为政府应该发行符合农村、农民和农业的债券，为了增强应对风险的能力以及实现农村基金的增值，其利率应该高于银行利率。

四、社会保险基金保值增值建议

（一）完善法律，加强制度的约束力

按照我国的机构设置，各个层次的社会保险基金管理中心属于政府的垂直管理部门，又是管征收和发放的社会保险基金代理人，既是管理者，又是被管理者，双重身份加大了监督的难度，在信息严重不对称的情况下，资金被借用或挪用的风险加大。另外，委托人与代理人的力量不对等，委托权容易弱化，委托人对代理人的有效监督无法形成。因此基于这些因素，应从国家层面制定系统的法律法规来约束各方面主体，以保证社会保险资金的正常使用。

（二）拓宽信息传播渠道，减少信息不对称

个人能从各类社会保险中获得的好处与参加社会保险时的支付额之间信息不对称，这种信息不对称会使投保人出现"搭便车"的行为；另外逆向选择也会改变地方政府的一些行为，导致地方政府对基金投资不积极，对投资渠道的扩面不主动等，自己"不造血"而依靠中央政府"输血"，即使是基金有结余的基层政府也可能不会用盈余来弥补资金缺口。针对在社会保险基金筹集中的问题，一些学者建议应借鉴他国经验，开征社会保险税，税的强制性、固定性和无偿性有助于解决这些问题。

（三）引入激励与约束的市场机制

社会保险基金市场运行过程中也会存在信息不对称的情况，可以参考公司制下的董事长和经理人的关系——经理人直接管理和运行公司，董事长根据当年公司经营状况对其进行业绩考核。同理，可以把"经理人"引入社会保险基金管理中，把基金的增值情况作为考核"经理人"的指标，对其进行监督和激励。

第三章 社会保险基金管理

第一节 社会保险基金财务管理现状

国家社会保险基金的设立，是对我国社会保险体系的重要完善，可有效应对我国当前人口老龄化所引发的一系列问题。我国社会保险基金规模不断壮大，到 2018 年年初我国社会保险基金滚存结余达 75 348.58 亿元。如此庞大的资金规模，必须切实做好社会保险基金财务管理工作，然而在实际操作当中将面临一系列风险问题，包括基金筹资、支付及操作等风险，严重影响社会保险基金的营运管理。为此，应首先明确社会保险基金的特征，在此基础上分析当前我国社会保险基金财务管理现状，阐述社会保险基金财务管理面临的风险问题，并提出相应的财务风险控制举措。

社会保险基金的设立，是为了促使人民共享国家财富，其主要源于企业单位及个人严格依照国家法律规定，按收入的比例定期缴纳相应的税务保险费用，由此切实保障劳动者的社会保险待遇。党的十九大报告当中明确提出，应科学、切实、有效地实施社会保险基金管理，可采取多种方式管理，通过强化对社会保险基金监督力度来实现。当前我国关于社会保险基金财务管理方面，推出了《社会保险基金财务制度》《社会保险基金会计制度》等管理政策。国家还在此基础上不断完善社会保险基金的财务管理机构设置，比如，在税务部门、经办部门、人力资源和社会保障部门及财政部门等均设置相应的社会保险基金管理专业机构。每年针对社会保险基金的审计工作更是持续不断，由审计署负责例行审计。但是社会保险基金不论如何强化管理，其仍然可能在资金流转环节面临一系列风险。

一、社会保险基金的特征

第一，福利性特征。对于参保者来说，社会保险方面的所得大于支出。这主要是因为除了参保者自身缴费外，国家和相应的用人单位还直接承担相应比例的保障责任，因此参保者能够获得大于支出的福利。

第二，基本保障特征。在我国颁发的《社会保险法》当中就明确规定社会保险制度需坚持广覆盖、保基本、多层次及可持续发展方针。简而言之，就是劳动者在失去收入或劳动能力时，能够由此维持基本生活需要。

第三，特定性特征。社会保险基金承保对象本身具有一定特殊性，因此其迥异于其他社会保障基金，具备特定性特征。首先社会保险基金的承保对象必须按时履行缴费义务，只有在缴费之后，才能在年老、疾病时获得帮助，因此其本质是一种权利与义务的联系。

第四，强制性特征。社会保险基金是我国重要的民生政策，其具体借助法律来进行强制实施，任何单位及个人都必须无条件参加社会保险，并自觉履行社会保险费用缴纳的义务。

第五，增值性特征。社会保险基金主要是劳动者将自身合法收入上缴，以应对后续风险。相关社会保险经办机构为应对货币时间价值问题，通常会对基金实施投资营运，从而促使其保值增值。

二、社会保险基金财务管理现状

（一）财务管理体制现状

按照财务管理体制，社会保险基金主要由人力资源和社会保障部与全国社会保障基金理事会这两个主体分别管理。二者严格依照管理制度要求，实施单一的会计主体归口管理。人力资源和社会保障部门下设社会保险事业管理中心，主要负责办理社会保险基金收缴与支付业务，实施统一化管理。而社会保险基金运营则主要交由全国社会保障基金理事会全权负责。从具体操作的角度来看，社会保险基金财务制度规定了社会保险基金经办机构分离出经办会计和经办机构会计，两者虽然属于一个经济实体，但分为两个不同会计主体。即其中一个执行事业单位财务准则的会计主体，另一个则依照社会保险基金运营需求，执行《社会保险基金财务制度》来开展工作。现行的《社会保险基金财务制度》的管理内容包括财务管理任务、管理体制、基金筹集、支付，设立财政专户受理社会保险费、利息及其他相关收入等，实施至今，已经逐渐难以跟上当代社会保险事业发展的需求。

（二）财务管理运行现状

当前我国社会保险基金投资运营主要由全国社会保障基金理事会全权负责，所运营的资金更多为中央财政拨款及国务院批准的方式筹集资金而成。目前的社会保险基金主要包含中央与省级人力资源和社会保障管理部门所征收的社会保险基金，并借助财政划拨的方式来交付给全国社会保障基金理事会的储备金及企业年金加以运营。所以，社会保险基金只是属于全国社会保险基金投资运营的组成部分。当前我国社会保险基金投资尽管采取的是市场化运营模式，但实际投资结构形式依然以银行存款及国债交易为主。由此充分展现了社会保险基金财务管理的安全性原则，但投资所获取的收益依然难以获得理想化的增值保值效果。早在2015年国务院推出的《基本养老保险基金投资管理办法》就直接对养老保险基金投资和运营做出了规范要求，然而因为在实际投资运营方面依然缺乏较为明确的投资操作办法，所以社会保险基金运营情况并不理想。

（三）财务管理监管现状

结合当前社会保险基金财务管理规定，针对社会保险基金进行监管主要是由人力资源和社会保障部、财政部及审计部共同负责，并且还有来自社会层面的监督。我国《社会保险法》中第七十八和第七十九条内容都明确了应当做好对社会保险基金收支的监督检查工作，一旦发现其中存在问题，必须及时提出整改建议，并依法制定处理决定或向相关部门提出处理意见。当前采用的社会保险基金监管主要由以下内容组合而成：①行政监督管理，具体由财政和社会保障部门实施征缴、筹集、管理及发放的监督管理；②审计监督管理，由相应审计部门对社会保险财政法规遵循及财务会计制度执行情况展开监督管理；③社会监督管理，以当地政府成立的用人单位代表、参保人员代表、工会代表及专家等所组成的社会保险监督委员会实施监督管理。此外，为切实保障社会保险基金的安全完整及保值增值，应进一步发挥会计监管作用，不断提升审计监督管理效率，由此促使社会保险基金管理及运营的良性发展。

三、社会保险基金财务管理风险问题

（一）基金筹资风险

社会保险基金一直采取以支定收的模式，如今社会老龄化问题越来越严重，为了能够切实保障后续退休工资人员的基本生活水平，开始不断加大社会保险基金的征缴工作展开力度。因此，企业方面所投入的人工成本在企业整体成本管理当中占据越来越大的比重，企业本身所缴纳保险的能力也直接受到多种不同程度的威胁及挑战，导致社会保险基金征缴工作的开展面临一定压力，相应的偿付能力风险随之增大。为了能够切实保障社会保险基金的正常支付，应持续增大社会保险基金征缴规模，在此基础上提升缴费基数与费率。一些企业面临调整的缴费比例，将给企业资金筹集带来一定压力，由此将选择拖欠、逃避社会保险的缴纳。

（二）基金支付风险

如今社会保险覆盖范围持续扩展，由此所面临的欺诈风险也随之增大。像一些骗领、冒领社会保险基金的欺诈手段及行为不断发生，这些都直接威胁了社会保险基金的安全。可见社会保险基金支付管理方面面临较大的风险问题，以其中典型的养老保险为例：一些不符合退休条件的人员办理退休，由此领取退休金；采取跨省多次缴纳，后续多次领取退休金的行为；死亡后不报停，持续领取退休金；等等。同时对于其他类型的报销也存在一些不符合规定的操作行为。对社会保险基金来说，还存在资金收不抵支的风险问题。如在一些新兴发展的城市当中，生育保险将面临入不敷出的风险，因此就需要相应的财政补助。

（三）基金操作风险

所谓操作风险也即因内部流程、人员及外来因素影响所致的损失风险。通常是因为内部控制不良及操作系统不完善，致使不可预期风险问题的产生。这其中包含了人为风险，即包含非出于个人意愿的行为，也包含一些主观恶意所带来的风险。再就是技术层面风险，像一些系统安全类问题、数据的安全存储管理问题及相关硬件的风险问题。

四、社会保险基金财务管理风险控制举措

（一）强化财务管理内部控制

这就要求应当持续完善内部控制。这项举措是社会保险基金运营的重要保障。社会保险基金财务管理本身涉及财政、社会保险及银行等多个主要部门，为了能够切实保障社会保险基金的安全性，就必须建立起相应的对账机制，以此来保障账款相符。同时还需在此基础上，制定完善的社会保险基金运营管理的内部控制制度，在实际的社会保险基金收入环节当中，应当减少现金与支票收缴的方式，可采用中国人民银行财税平台来实施银行缴费，从而保障社会保险基金能够足额且及时到账。这样不但能够充分降低人工收款所致的错误率，

同时也能不断提升工作效率。而在实际基金的支出环节当中，通常需要不断完善基金内审流程，展开分层审批模式，由此来实现责任到岗、到人的目标。

（二）完善监督机制，引入社会监督

在我国《社会保险基金行政监督办法》当中就明确指出了社会保险基金监督的方式，主要可采取现场监督与非现场监督两种。其中现场监督不过多阐述，而非现场监督方式则紧随信息化技术发展而不断更新升级，因此这种监督不再局限于财务报表的汇送和数据分析，其还可借助网络化、信息化的方式实施处理和分析，也可通过即时信息公开的方式接受来自社会各层面的监督。如今信息化技术发展得越来越迅速，所以社会保险基金信息都可通过互联网进行查询，人们也可直接借助网络查询自身的缴费情况，从而对企业及时缴费进行有效监督。此外，通过年鉴报告，结合社会保险缴费单据及年鉴报告，也从某种层面直接规范了社会保险缴费状况。

（三）定期实施审计工作

为了能够切实保障社会保险基金的资金安全，定期实施审计工作很有必要。近年来，审计署把社会保险基金的审计列为工作的重要任务，开始强化各省各项社会保险基金的审计工作，重点针对一些违规违纪问题，以此给地方社会保险基金管理起到警示作用。从专业审计角度来分析，针对社会保险基金在实际运行当中存在的不合理、不合法及不合规的问题进行严肃处理，由此才能切实保障社会保险基金的资金安全。

社会保险基金为人民日常工作与生活的方方面面提供了基本保障，因此强化社会保险基金财务管理很有必要，要求国家相关部门必须给予高度重视。在针对社会保险基金财务管理和风险控制当中，要求相关管理部门应切实强化内部控制、完善监督机制及定期实施审计工作，这样才能降低社会保险基金财务管理风险，从而保证我国社会保险基金的健康运营和发展。

第二节 社会保险基金财务管理制度

时代不断发展，社会不断进步，政府对于社会保障方面的关注度越来越高，随着社会保险制度的不断健全，政府监管越来越严格，新形势下加强社会保险基金财务管理制度建设和风险防范就变得越来越重要。当前受到多方面因素的影响，社会保险基金财务管理制度在建设和运行过程中还存在诸多问题，加强

新形势下社会保险基金财务管理制度与风险防控研究，具有重要的社会意义和现实价值。

一、社会保险基金财务管理制度基本内涵

社会保险基金财务管理制度是社会保险基金制度管理体系的重要组成部分，是指通过采取一定的措施和方法，为有效规范社会保险基金财务管理行为而建立的相关的规范约束机制。通过建立社会保险基金财务管理制度，可以实现资金收支的有效监督和管理，切实维护公民应有的权益，更好地推动社会稳定和和谐。目前国家社会保险基金财务管理制度渐成体系，它的出台主要是参考了国家相关的法律，包括《中华人民共和国劳动法》（以下简称"《劳动法》"）、《中华人民共和国社会保险法》（以下简称"《社会保险法》"）及《中华人民共和国预算法》（以下简称"《预算法》"）等，以这些法律为基础确定了基本内容。社会保险基金财务管理制度的生成主要体现了以下基本内容：一是需要严格按照相关的政策规定和要求，对社会保险基金进行及时、足额、依法收集，并定期按程序发放相关的社会保险待遇；二是需要严格控制预算支出，建立完善的预算管理体系，确保社会保险基金有效控制，及时动态反映收支情况；三是要不断完善基本财务管理制度体系，确保按照财务管理政策规范和要求来对社会保险基金加强日常管理和财务监督，实现保值增值，更好地提高社会保险基金的保障和服务功能。

加强社会保险基金财务管理，需要严格按照国家政策规定和行业规范等做好基金的收集、调拨、使用、监管，通过运用财务管理技术和手段，加强财务核算分析，加强预算管理，确保基金安全有序使用，同时要建立专门的独立的社会保险基金账户，确保专款专用，还要积极探索如何实现社会保险基金保值、增值的新路径，这样才能更好地发挥社会保险基金应用的功能。

二、加强社会保险基金财务管理制度与风险防控的意义

当前随着时代的发展和社会的进步，经济发展水平不断提升，公众的自我保护意识不断加强，对参与社会保险的认识不断提高，社会保险参与率和覆盖面不断扩大，从一定程度上进一步提高了社会保险基金额度。与此同时也要看到，社会保险基金的生成和利用也是一个非常重要的过程，通过建立有针对性的社会保险基金财务管理制度，并采取有效的措施加强风险防控，一方面可以有效保障社会保险基金的安全性和稳定性，确保保值增值，按照程序开展社会保险基金的收缴、划拨和分配使用，更好地满足公众的基本需求；另一方面加

强社会保险基金财务管理制度建设，并做好风险防控，可以有效规避基金运营管理方面存在的风险或者隐患，提高资金保障水平，更好地维护社会稳定，在合理的预期范围内加强社会保险基金财务管理运营多元化模式探索，还可以进一步提升社会保险基金增值能力，更好地发挥其应有的保障和服务价值。

三、当前社会保险基金财务管理制度方面存在的问题

目前在社会保险基金财务管理制度建设和运营方面，虽然运行比较流畅，社会保险基金财务管理功能正常发挥，但是随着形势的变化，社会保险基金财务管理制度建设也应当进一步进行规范和完善，这样才能更好地防范各种潜在风险。目前主要存在的问题有以下几点。

（一）社会保险基金财务管理制度体系不够完善

目前随着国家新的《中华人民共和国劳动合同法》《中华人民共和国预算法》等的调整，对于社会保险基金财务管理工作而言也应当主动根据政策的变化来进行财务管理制度的健全完善，这样才能切实提高制度执行的规范性，更好地发挥社会保险基金财务管理制度应有的价值。目前相关的制度不够完善，尤其是会计核算体系不够健全，关于社会保险欠缴费问题如何进行会计核算尚没有形成制度规范，目前我国《社会保险基金会计制度》要求会计记账应用的是借贷记账法和收付实现制，这种模式可以及时直观地反映社会保险基金的现金流量情况，也便于进行操作，但是这种核算管理模式也暴露出一些漏洞，如针对社会保险基金欠缴费问题，会计核算体系尚没有明确的规定。如何针对欠缴费用问题进行单独核算和全面体现，更好地反映社会保险基金收支情况，成为一个难题。如果不能及时运用科学的方法确定社会保险基金欠缴费用，就会容易引发财务漏洞，导致在财务报表中债权债务和账务记录方面出现较大的差异，不利于保证财务管理收支的规范性。这也是目前会计核算体系和监督工作中应当重点加强和防范的方面。

（二）个人账户管理方面不完善

个人账户是社会保险基金体系中重要的组成部分，对于参保人而言，希望能够及时全面地了解社会保险基金的分配、收支等情况，如果这些因素不能全面地掌握，将会影响投保人的积极性。在个人账户管理方面目前还存在一些局限性，对于参保人而言，不能全面地了解上述内容，在社会保险基金的分支方面，诸如社会养老保险基金和社会失业保险等，目前现有的社会保险基金财务管理制度中对参保人如何享有相关的权益等没有做出明确的规定，参保人如何对个

人账户基金进行管理、有没有权利进行管理等还没有进行进一步的规范。此外参保人由于对个人社会保险基金账户不能进行有序管理，在监督管理方面还存在很多的不规范情况，直接影响了政府部门的公信力，不利于实现社会保险基金的保值增值。社会保险基金财务管理制度应当对参保人如何依法维护和管理个人账户基金进行进一步明确和规范，这样才能更好地建立顺畅的沟通机制，减少矛盾和冲突。

（三）社会保险基金征缴标准不统一

目前虽然国家针对社会保险缴纳提出了强制性的规定要求，但是对于社会保险基金征缴标准没有做出统一的规范，很多企业为了降低成本，实现更大的收益，在社会保险基金缴纳方面往往按照最低的规定缴费基数进行缴纳。员工对社会保险缴纳方面政策缺乏深入的研究，不知道如何维护自身的权益，加上一些企业在社会保险缴纳方面不及时、没有实现足额缴纳等，从而增加了社会保险基金核算和统计难度。由于缺乏统一明确的社会保险基金征缴标准，不利于社会保险基金的有序管理，影响了财务效能的发挥和参保人的权益体现。

（四）社会保险基金监督管理体系有待完善

一方面社会保险基金需要通过采取有效的措施加强财务监督管理，才能避免发生挪用、乱用等情况，但是目前现有的会计监督职能不够完善，部门职责权限分配不明确，没有形成完善的统一的监督管理合力，社会保险基金财务管理涉及的权责部门比较多，难以形成有力的监管格局，增加了财务风险。另一方面社会保险基金保值增值一直以来备受关注，在资金的保值增值方面目前还没有形成科学可靠的运营管理模式，随着经济发展水平不断提高，物价水平不断提升，社会保险基金方面的收益和回报率问题日益凸显。

四、加强社会保险基金财务管理和风险防控的措施

为了进一步提升社会保险基金现代化财务管理水平，有效防范可能存在的风险，切实实现社会保险基金保值增值，更好地维护社会稳定，建议从以下几个方面进行探索。

（一）完善社会保险基金财务管理配套制度体系

要及时总结目前社会保险基金在财务管理方面遇到的问题，不断学习和研究国外在社会保险基金财务管理方面出台的一些举措，结合我国国情，发挥政府的宏观指导作用，通过立法的形式，进一步完善社会保险基金财务管理相关

的制度和政策，设计一套完善的便于内外部有效管理的监督管理机制，明确各级部门的权责，规范社会保险基金财务管理工作的流程和具体的工作标准，同时要针对当前在制度实施层面存在的问题，加强问题和原因排查，从内外部对可能存在的风险等进行全面防控，提高全体工作人员对社会保险基金财务管理工作的监督意识和能力，从而形成良好的监管格局。

（二）完善个人账户管理机制

要针对目前公众对社会保险基金个人账户部分存在质疑等问题做好调查研究，并加强个人账户的统筹管理。一方面要将个人账户纳入社会保险基金财务管理的工作范畴，并完善用户收支明细，对个人账户和社会统筹账户的利用等情况进行分类管理和明确标记，确保财务管理账目的清晰和全面。另一方面要加强信息化管理体系建设，针对个人账户社会保险基金变动情况等通过信息化平台的形式及时反馈给参保人，便于参保人更加直观及时地了解个人账户的信息变化情况，提高服务能力。

（三）建立统一的社会保险基金征缴标准体系

目前在社会保险基金征缴方面，不同的企业对社会保险基金征缴标准的认可度不同，甚至很多企业为了降低成本，往往按照最低的社会保险缴纳比例来进行社会保险费用缴纳，以此来降低企业支出，这不仅伤害了企业员工的合法权益，同时也不利于社会保险基金的统筹管理。所以，一方面国家相关部门要对社会保险缴纳等方面的政策进一步进行宣传，引导参保企业和个人提高对社会保险缴纳的重视程度，形成良好的监督机制；另一方面要完善立法，针对社会保险基金缴纳标准出台更多的举措和标准，结合地区的实际情况，探索多元化的统一的社会保险基金缴费基数核算机制，目前一些地区社会保险基金缴纳已实现和税务系统的有效关联，就是一个有益的尝试。在推进政策的实施过程中还需要考虑细节问题，循序渐进地进行，才能更好地推动社会保险管理工作的有序开展。

（四）加强社会保险基金收支管理

对于社会保险基金财务管理工作而言，最重要的是收支两条线管理，所以要不断提高收支科学化管理水平。一方面要结合目前征缴制度运行的情况，加快制定具体的实施细则和指导意见，同时要加强财务管理人员的能力和素质培训，引导他们深入研究国家最新的政策要求和规范，针对如何加强社会保险基金精细化管理提出更多的建设性意见；加强财务管理信息化体系建设，积极探索运用大数据等技术建立社会保险基金业财融合机制,确保社会保险基金财务管理工作和其他工作有序衔接,发挥其应有的指导和服务功能。另一方面要加强收支全面管理,社会保险基金征缴部门应当主动和国家财政部门及人力资源与社会保障部门进行沟通,并加强和金融机构的合作,形成规范统一的社会保险基金专项账户,同时相关的管理人员要加强对社会保险支出情况的审核监督,动态进行社会保险支出标准的调整,从而最大限度地降低运营风险。此外还要积极探索社会保险基金保值增值的新机制,对现有的多元化资金运营模式等进行分析,统筹考虑风险和收益等方面的因素,做好试点管理,以此为基础为社会保险基金保值增值探索更多的渠道,切实提升社会保险基金的服务能力。

总之,加强社会保险基金财务管理制度建设,不断提升风险防控能力,是一项重要的基础工作,需要各级相关部门加强配合,做好基础工作,探索更多成熟的经验,只有这样才能不断提升社会保险基金的服务效能。

第三节　社会保险基金内部控制管理

随着社会保险覆盖率的提高,社会保险基金规模越来越大,如何管理好关乎国计民生的社会保险基金,对社会保险基金管理机构是一项严峻的考验。对社会保险基金的管理工作而言,内部控制是一种有效的管理手段。但是受诸多因素的影响,内部控制的实施过程并不顺畅,因此,迫切需要采取行之有效的措施对其加以改进和完善,提升内部控制管理水平。

社会保险是一项关乎国计民生的国家政策,实施社会保险的主要目的是保障劳动者的权益和规避风险。近年来,由于社会保险基金收支结余规模不断扩大,社会保险基金内部控制管理存在的问题日益凸显,这在一定程度上影响了基金的使用效率,而且还会造成基金使用风险。因此,当前摆在社会保险基金管理面前的一个重要课题就是加强社会保险基金内部控制管理,改进管理效能,使社会保险基金使用和管理的业务流程得以有效规范,从而最大限度地保障投保人的合法权益。

一、社会保险基金内部控制管理存在的薄弱环节

(一)重视程度不足,执行力度不强

虽然一系列制度规范已经建立和健全,但是因在执行过程中对其不够重视,仍然造成了内控制度约束性不够和执行力度不强的现象。这主要是因为部分内

控制度欠缺科学性和可操作性，内控制度与该地区的客观状况和具体工作的结合性较差，照搬照抄的现象比较严重。在领导体制、工作机制和人情世故等因素的影响下，内控制度成了摆设，没有执行到位，这就影响了具体工作机构的履职尽责，不利于职能效果的发挥。除此之外，内控制度对一些领导部门和领导者长期缺乏应有的监督，这就容易造成其违规违纪行为的出现，不能有效发挥内控制度的监督作用，从而大大降低内部控制管理监督的整体效能。

部分社会保险基金经办机构的工作人员，对内部控制的作用认识不足，有制度不执行的现象普遍存在，没有从思想深处认识到内部控制是防范和化解社会保险工作风险的重要途径，是保护广大人民群众切身权益、维护社会保险基金安全、保护广大社会保险工作人员权益的重要措施。

2018年9月份，一起电信诈骗案发生在荔浦地区。荔浦社会保险局出纳吴女士被冒充政法机关工作人员的骗子骗取单位公款500多万元。经查，荔浦社会保险局有完善的财务制度，但会计和出纳却没有严格执行财务制度，让出纳有机会接触会计的网银U盾，被骗子钻了漏洞。

（二）社会保险信息化平台建设有待加强，缺乏先进技术手段

目前各统筹地区的社会保险业务信息化软件和财务管理软件系统由各地自行开发，各行其道，没有统一的行业标准和规范。当前，医疗、养老、失业、生育和工伤等险种都是市级统筹，各统筹地区采取各自为政、分管分治的原则，由于资源共享的良好机制尚未建立，无法及时准确了解和把握外出务工人员投保的相关情况，造成异地重复参保、多头参保现象屡见不鲜，重复申领待遇的现象无法杜绝。此外，面对"巨量"的保险基金数据，内控人员依旧使用传统方式、方法进行监督，缺乏先进的技术手段，难以实现内部控制目标。

（三）岗位职能设置不合理，人员配备达不到内控实施的要求

随着社会保险事业的发展，参保人数快速增长，社会保险经办机构人员严重不足，人少事多。因社会保险业务种类繁多，工作繁忙，一些人员长期在一个岗位或在一个部门工作，岗位往往几年都不轮换，科学高效的岗位交流体系无法形成。而社会保险工作人员因忙于业务，往往忽略了除本职工作之外的其他相关政策、法规的学习。

二、加强社会保险基金内部控制管理的重要性

加强社会保险基金内部控制管理的重要作用主要体现在两个方面。

①加强社会保险基金内部控制管理是社会保险基金管理机构安全运转的需

要。国家对社会保险基金的征收、缴纳、发放，基金的保管、管理，各项业务的办理，流程的设置，全过程监督、管理，都给予了高度重视，对如何控制这些风险点出台了一系列文件、措施，包括《社会保险经办机构内部控制暂行办法》《关于加强社会保险基金财务管理有关问题的通知》《社会保险基金财务制度》《社会保险基金会计制度》《社会保险稽核办法》等。

②加强社会保险基金内部控制管理可以维护投保人的合法权益与促进社会和谐稳定。通常来讲，资金给付需要一个过程，在经历这个过程时，社会保险基金无法在短期内形成效益，但是，为了保证投保人投入的资金能够安全运行和实现保值增值，需要对社会保险基金进行科学的管理和有效监督的强化，维护投保人的合法权益，不断健全完善法规体系，加强内控管理，弥补基金管理中存在的薄弱环节。近年来，由于社会保险基金内控管理制度缺失和执行不到位造成的社会保险基金安全隐患问题屡见不鲜，一些地方甚至出现财务人员套取、挪用大量社会保险基金的行为。由此可见，加强社会保险基金的内外部监督和内控管理的重要性。

三、加强社会保险基金内部控制管理的对策

（一）提高对内控管理的重视程度

首先，要提高对社会保险基金内控管理的认识程度，强化风险意识。社会保险基金管理环境和运行环境发生了巨大变化，社会保险基金投入、运行方面的各种安全风险也随之出现，面对这一情况，需要科学地分析和研判社会保险基金管理中隐含的各种风险，提高对社会保险基金内控管理的重视程度，采取积极有效的措施消除风险隐患。其次，要健全对社会保险基金内控管理的追究机制，强化责任意识。要严格执行监督问责，建立健全社会保险基金安全高效运行的层级追究制度，层层追究责任，从部门的主要领导到一般员工，要全部涉及，重点加强对部门领导的监督问责，发现问题严肃查处，加强约束，确保专门监督机构充分履职尽责，确保社会保险基金内控管理制度发挥积极作用。

（二）加强社会保险信息化平台建设，利用科学手段提高监管水平

要用发展的眼光来构建社会保险基金监管体系，建立统一的行业标准和规范，加强社会保险信息化平台建设升级，整合资源，建立相关部门、统筹地区间的协调和联动机制，统一标准和接口，建立良好的信息的共享机制，从而有效规避重复参保等违规问题。充分运用大数据、云计算的强大功能，运用专业软件对社会保险基金数据进行专业、常规的统计、分析、比对和筛查，提高社

会保险基金监管的科技含量,实时监测社会保险基金运行趋势,有效运用社会保险基金风险控制预警系统,为决策层提供有参考价值的数据,对保证社会保险基金的安全平稳运行具有重大意义。

(三)加强内部岗位的约束牵制

要定期对社会保险基金管理机构工作人员进行岗位调整和轮换,加强业务培训和岗位交流,建立健全优胜劣汰的用人机制,去粗取精,使社会保险基金管理人员的危机感和责任意识得以增强。建立健全岗位不相容制度,在社会保险基金的征收、支付管理等重要环节严格贯彻不相容职责相互分离、授权批准等内部控制制度,形成既协调配合又互相牵制的良好工作机制,确保社会保险基金的安全管理和高效运行,使社会保险基金内部控制管理得以加强。

(四)强化业务流程的梳理再造

为了保证各项制度和流程具有良好的操作性,要建立健全社会保险基金管理规范和业务操作流程,及时发现问题,梳理、再造不合时宜和滞后的业务流程,同时要通过公开的形式,接受社会的广泛监督。此外,要不断地健全和完善内部监督约束制度,定期检查和明察暗访各项制度的执行情况,及时解决发现的问题,在一定程度上实现内控管理效益的最大化,提升社会保险基金内部控制管理水平。

在维护参保人合法权益和保证基金安全高效运行方面,社会保险基金内部控制管理越来越发挥着不可或缺的作用。因此,要充分认识到加强社会保险基金内部控制管理的重要作用,提高对内部控制管理的重视程度,加强内部岗位的约束牵制,强化业务流程的梳理再造,不断加强社会保险基金内部控制管理,提升社会保险基金内部控制管理水平。

第四节 社会保险基金预算管理

社会保险基金是社会保险制度的经济基础,是社会保险制度稳健运行的有力支撑,社会保险基金关系到亿万民众的切身利益和社会稳定。做好社会保险基金预算管理工作,有助于实现社会保险基金的保值增值,有助于社会保险制度的长期平稳运行。本节对社会保险基金预算管理进行探究,以期为完善社会保险基金预算管理提供参考。

一、研究背景及意义

随着我国社会保险制度的推进，社会保险改革推行全民参保计划，2020年已基本实现全覆盖。目前，我国已处于人口老龄化阶段，抚养比呈持续下降态势，在岗人员的养老压力持续增大。

当前，经济下行压力持续加大，部分企业尤其是小微企业、部分城乡居民和灵活就业人员持续参保缴费能力不足，同时"降成本"下调社会保险费率，社会保险基金收支平衡短期将被打破。加之人口老龄化加剧，使我国社会保险制度面临着更加严峻的挑战，2015年全国已有6省份年度养老金入不敷出。为保证社会保险制度的可持续发展，加强社会保险基金预算管理具有重大意义。

（一）社会保险基金预算管理更为规范

预算管理作为社会保险基金管理的重要组成部分及内部控制的重要手段，能有效促进社会保险制度的健康发展。2010年国务院出台《关于试行社会保险基金预算的意见》，标志着我国开始建立专门的社会保险预算制度。2013年由财政部首次向全国人大会议提交全国社会保险基金预算。2014年《预算法》将社会保险基金正式纳入政府预算，构建起全口径预算体系。在预算体系中，社会保险基金预算单独编报，与公共财政预算和国有资本经营预算相对独立、有机衔接。

自2010年试行社会保险基金预算以来取得了很大成效，基金预算的组织协调逐步规范，预算编制方法进一步规范，各地探索建立了预算考核评价的激励约束机制，管理水平不断提高。但社会保险基金预算管理制度仍有待完善，例如，预算管理体制不够顺畅，基金预算编制质量不高，中长期基金预测模型缺乏，动态、统一、各部门共享的信息系统建设有待加强，基金预算执行受人为因素干扰，基金预算绩效考核机制和激励约束机制不完善，等等。

（二）社会保险基金预算管理的研究意义

社会保险基金预算是根据国家社会保险和预算管理方面有关法律法规确立的，是我国社会保障体系的重要组成部分。社会保险基金预算是社会保险基金管理的核心内容，抓住预算管理可以全面带动和推动基金管理工作。我们之所以要研究社会保险基金预算管理，主要有两个原因：一是通过对社会保险基金收支预算单独反映，使社会各界对该基金收支情况有一个全面、完整、清晰的认识，以起到强化社会监督及优化资源配置的作用；二是通过对社会保险基金筹集和使用实行预算管理，可以增强国家宏观调控，强化基金管理监督，有利于基金的安全，保证制度的可持续性。

二、社会保险基金预算管理要求

随着社会保险基金规模的不断扩大，客观上需要对社会保险基金的管理更有计划性、统筹性，对社会保险基金的监督更有广泛性和可操作性。2010年，国务院发布了《关于试行社会保险基金预算的意见》社会保险基金预算制度的建立，不仅确立了基金的预算管理机制，还解决了这一领域制度缺失问题，大大降低了"人为因素"的随意性带来的风险。

社会保险基金预算纳入人大审议，既能对社会保险基金进行更全面的监督、管理，使之更规范，也能更有针对性地为社会保险基金提供财政支持，确保社会保险基金的可持续发展。社会保险基金预算是一项开创性的工作，是社会保险基金管理的核心内容，抓住预算管理可以全面带动和推进基金管理工作。自2010年试编社会保险基金预算以来，社会保险基金预算工作积极推进，并积累了一定的经验，总结经验，反思不足，必将有利于社会保险基金预算管理水平的提高。

三、社会保险基金预算管理存在的问题

社会保险基金预算制度建立后，对社会保险事业的发展起到了积极的促进作用，但从基金预算管理的角度看，其功能和效力尚未充分发挥，社会保险基金预算管理存在以下一些问题。

（一）社会保险基金管理体制不够完善

1. 社会保险基金预算编制职责不明晰

《关于试行社会保险基金预算的意见》规定：统筹地区社会保险基金预算草案由社会保险经办机构编制，经本级人力资源社会保障部门审核汇总、财政部门审核后，由财政和人力资源社会保障部门联合报本级人民政府审批；社会保险费由税务机关征收的，社会保险基金收入预算草案由社会保险经办机构会同税务机关编制。《预算法》规定：编制预算草案的具体事项由国务院财政部门部署，国务院财政部门具体编制中央预算、决算草案，具体组织中央和地方预算的执行；地方各级政府财政部门具体编制本级预算、决算草案，具体组织本级总预算的执行。按照《预算法》的要求，财政部门是预算编制主体，而《关于试行社会保险基金预算的意见》规定：社会保险基金预算的编制主体是人社部门，财政仅承担审核责任。法律法规不一致，财政部门和人社部门在预算编制中的职责不明晰。

2. 社会保险费征缴权限分割于不同部门

社会保险基金预算按统筹地区编制执行，预算编制、执行涉及的部门较多。在预算编制执行过程中，社会保险部门、财政部门、地税部门都参与其中，多头管理，权责不明晰，工作过程中协调难度大、效率低。目前，我国大部分省份社会保险费由税务部门征收，各省采用的征管模式各不相同，主要有单纯征收模式、全责征收模式、受托全责征管模式、全责征管模式。这四种模式各有优缺点，税务部门、社会保险部门在其中的角色各不相同，社会保险基金收入的预算编制主体和收入征管执行主体不一致，社会保险费征缴管理权责分割于不同行政部门。

（二）社会保险基金信息系统建设有待加强

1. 社会保险基金预算管理需要强大信息系统支撑

社会保险基金预算编制、执行、审核、监督业务分别由社会保险经办机构、地税部门、社会保险行政监督部门、财政部门、审计部门多个部门管理。各部门在管理过程中必然需要大量相关信息，目前各部门都依靠本系统的信息系统进行管理。信息系统的重复建设、维护损耗大量的人力、物力，而且信息不能有效共享，容易导致预算编制及执行过程中数据不准确，影响预算编制、执行及监督的效果。

2. 我国尚未建立起动态、统一、共享的信息数据库

目前，我国尚未为社会保险基金预算管理建立起一个动态、统一、共享的信息数据库，这无疑给基层预算编报机构带来很大难度。加之我国一些指标的采集方法不科学，可信度和透明度不高，这必然大大影响社会保险基金预算管理的编制、执行和监督，影响社会保险基金预算管理的管理效果。

（三）社会保险基金中长期精算预测水平有待提高

1. 社会保险基金中长期精算预测缺失

我国社会保险基金的预算包括养老、医疗、工伤、失业方面的基金预算。有的社会保险基金预算收支不仅要维持短期平衡，还要维持长期平衡，如养老保险基金预算。而我国的中长期精算预测暂时缺位。我国的养老保险基金由于历史原因形成的欠账，以及人口老龄化高峰期即将到来，都会对基金的收支平衡带来挑战。未雨绸缪，提前规划，才能及时化解风险，保证我国社会保险事业的可持续性。

2. 中长期预测缺失伴随公共财政风险

我国社会保险基金采用专项预算的管理模式，社会保险基金预算应当保持完整、独立，并与一般公共预算相衔接。社会保险基金预算应当按照统筹层次和社会保险项目分别编制，做到收支平衡。在有需要的条件下，政府的公共财政预算可以安排一定数额的支出以弥补社会保险基金预算的不足，但社会保险基金则通常不能用于弥补公共财政预算的赤字。公共财政作为社会保险基金的兜底保障，必将成为社会保险基金预算赤字的最后防线，社会保险基金风险最终会转变成公共财政风险。开展社会保险基金预算的中长期精算预测，有利于建立社会保险基金预算自身平衡机制，避免给公共财政带来危机。

（四）社会保险基金预算编制质量有待提高

1. 社会保险基金预算编制数据基础不完善

预算编制需要掌握庞大的信息量，除了与社会保险相关的数据，还涉及许多经济社会指标。基层社会保险经办机构收集到的信息有限，加之责任意识淡薄，基础数据质量不高，一些地区经办机构编制主体的职能尚未充分发挥出来。

2. 社会保险基金预算编制与实际偏差大

根据人社部披露的情况，基金编报一直存在基金收入预算偏低而支出预算虚高的现象。试编预算基金总收入和征缴收入预算增长率基本在8%以内，基金支出预算增长率基本在20%以上，而从预算执行情况看，基金总收入和基金征缴收入预算完成率基本在110%以上，基金支出预算完成率基本在95%左右。在一些统筹地区，人为降低收入预算、虚增支出预算，已导致基金预算严重偏离实际。编制预算与实际脱节，预算管理必然无法发挥其功能和效力。

（五）社会保险基金预算执行管理环节不完备

1. 待遇支付未建立正常的调整机制

2005年至2016年，我国企业退休金12连涨，在有力增加退休人员收入的同时，负面效应逐渐显现：一方面基本养老金增幅一般大于同期在岗职工工资，导致退休人员与劳动人员收入分配关系失衡；另一方面养老金支出增大，直接威胁到基金的可持续性。2015年企业职工养老保险当期"入不敷出"的省份已达6个，2016年伴随着6.5%的增幅，中央对地方养老金的转移支付比2015年增长了14.5%。社会保险待遇的不断扩张，会威胁到基金自身的平衡，可能导致社会保险制度的不可持续。

2. 社会保险基金预算执行分析工作不足

有些地方存在重预算编制、轻执行管理的倾向，对基金预算执行分析不重视，未形成全方位的预算执行责任体系。社会保险经办机构未通过实施分期预算控制，实现年度预算目标。对部分险种基金支出进度快、结余小等问题不够重视，基金预算执行分析和预算调整工作十分薄弱，基金预算的计划性和约束力有待进一步增强。

（六）社会保险基金预算的绩效管理较为薄弱

1. 社会保险基金绩效管理的必要性

社会保险预算管理绩效评价是运用科学、规范的绩效评价方法，对照统一的评价标准，对预算管理活动的效率及其社会效益进行科学、客观、公正的衡量比较和综合评判。进行绩效评价，有利于发现存在的问题并找出解决方法。预算绩效考评既是衡量预算编制质量的重要手段，又是防止预算编制过于保守、提高预算编制质量、规范预算执行的制度保障。

2. 尚未建立有效的预算管理绩效考评体系

我国自试行社会保险基金预算管理以来，各地相继摸索出台了自己的预算管理绩效考核办法，但目前还没有比较成形的评价指标及评价体系。由于缺乏系统的社会保险基金绩效评价指标体系，难以对社会保险基金的使用效益进行准确评价，当前的首要任务是建立全面的绩效评价指标体系。制定基金预算绩效考核办法，建立强化预算约束力的长效机制，才能进一步完善社会保险基金预算管理制度。

四、完善社会保险基金预算管理的建议

（一）从根本上理顺社会保险基金管理体制

1. 明晰社会保险基金预算编制主体

社会保险基金预算编制的前提是政府各部门应该有科学合理的职责分工。目前，我国《预算法》规定财政部门部署政府预算的草案编制具体事项。因此，要强化财政部门的牵头作用，由财政部门统一安排部署社会保险基金预算的编制、执行和调整工作，并由社会保险经办机构、税务机关负责具体事项。明确财政、地税、社会保险各个部门社会保障职责和权限，健全社会保险制度，将社会保险基金管理制度层面理顺，才能从根本上保证社会保险基金预算管理充分发挥其效能，促进社会保险事业的发展。

2. 理顺社会保险基金预算管理部门关系

理顺社会保险基金预算的编制、执行、审核和监督等各环节管理机制，明确人社、税务、财政等部门在社会保险基金预算中的具体职责：社会保险经办机构负责搜集信息，起草预算支出草案，以及预算支出的执行；社会保险行政部门负责编制支出预算的审核和汇总，以及预算支出的审批和监督；充分发挥地税优势，将社会保险征收管理权限全部赋予地税部门，由地税部门收集基础资料，编制收入预算草案，并执行收入预算；财政汇总编制本级社会保险收支预算，经批准后上报上级部门，社会保险基金由财政基金专户管理，由财政部门对基金的安全性、收益性负责；审计部门对社会保险基金进行外部监督。

（二）加强社会保险基金信息系统建设

1. 建立社会保险信息系统意义重大

由于预算编制部门需要大量数据以保证预算的真实性和可靠性，预算审核部门进行审核也要依靠相关信息资料来判断预算编制的科学性和合理性，预算执行、预算监督、预算审计也要使用到这些社会保险基金信息。因此，动态、统一、各部门共享的信息系统是社会保险基金预算管理工作的基础，在社会保险基金的预算编制中必将发挥重要作用。

2. 积极推进社会保险信息系统建设

建立一个动态、统一、各部门共享的社会保险信息平台，需要做好几方面的工作。

（1）由政府整体开发一体化社会保险信息系统

系统涵盖养老、医疗、工伤、生育和失业所有险种信息，每个公民的全部社会保险信息集于一张社会保障卡，相关部门信息共享。

（2）构建网上社会保险管理服务平台

利用现代化网络系统，将社会保险管理工作通过网络办理，方便参保人查询个人信息。

（3）加强内部控制，确保信息安全

使用信息系统时，要记录和保存业务流程，确保业务有据可查，加强内部控制，杜绝经办人员的违规操作，提高社会保险信息的安全性。

（三）建立中长期预算精算模型，提高精算水平

1. 建立基金中长期预算精算模型

在现有政策的假设下，通过建立精算模型，运用科学方法，对社会保险基金中长期收支情况进行量化预测，并反推评价现有政策的合理性和绩效性。由于社会保险基金每个险种的特点不同，进行预算管理时所需考虑的因素也不相同，因此应该有针对性地进行分析，建立不同的预算精算模型。我国可以在社会保险基金预算的基础上，建立适合我国国情的精算模型，对社会保险基金平衡状况进行中长期预测。完善中长期社会保险基金预算编制模型，通过精算模型，预测长期社会保险基金预算的收入和支出，将精算工作规范化、制度化，推进以精算为基础的数据提供、统计分析、监测预警、预测分析、风险评估等宏观决策系统建设。

2. 社会保险基金精算工作规范化和制度化

促进我国社会保险基金精算工作规范化和制度化，从事后评估转变为事前预警，提高中长期社会保险基金精算水平，对于确保基金收支平衡，保证社会保险基金的可持续发展具有十分重要的作用。在人口老龄化的背景下，如何保持财务平衡，几乎成为所有欧美国家的分析重点。美国社会保障署为了评估现行社会保障税水平的合理性和可持续性，每年都会对社会保障信托基金的融资情况进行精算预测，预测期限长达75年。全民公布预测结果向，并按照现在基金的收支情况预测未来基金运行情况，同时精算报告还提出解决措施。我国应借鉴欧美国家的经验，采取符合国情的措施，使精算预测规范化、制度化，提高精算水平。

（四）规范基金预算编制，加强审核机制

1. 提升基础数据质量，规范预算编制

社会保险基金预算的编制离不开大量的基础数据，数据质量的优劣直接影响对基金运行情况及未来趋势的判断。各级社会保险经办机构应高度重视基础数据的质量，科学采集分析相关数据，加强数据整理和数据分析，为基金预算编制提供基础条件。同时，规范预算编制的方法和程序，根据各险种统筹模式的特点，分险种探索建立科学的方法体系，如研究建立预算编制模型、预算指标体系等，不断提升预算的编制水平。

2. 进一步完善预算审核机制

一些单位在编制预算时"小收大支",不但可以拿超收奖、从上级争取财政补助资金,而且避免了发放时出现缺口,导致最终形成"小收大支"的预算编制结果。这样编制出来的预算与实际情况相脱节,必然影响预算管理功能和效力的发挥。完善社会保险基金预算审核机制,采集和分析社会保险财务和业务数据,对社会保险基金预算编制的真实性、完整性和科学性进行评估,促使预算审核由偏重逻辑性审核向真实性审核与逻辑性审核并重转变。

(五)完善社会保险基金预算执行管理机制

1. 建立待遇支出正常调整机制

待遇调整不能长期人为调整,而是要依据指标进行科学调整,要适应经济增长速度,考虑物价上涨因素及劳动人口工资增长因素,还要考虑基金收支平衡。通过规范化机制稳定参保人员待遇预期,保持社会保险制度协调可持续发展。制定透明、科学、稳定的调整机制,确保社会保险待遇与经济发展水平相适应,减少待遇调整的人为性和随意性。必须科学制定社会保险待遇,要与经济发展相适应,才能实现社会保险制度的协调发展。社会保障改革既要积极而为,又要量力而行。

2. 建立常态化的执行分析工作机制

预算执行分析是预算管理的重要环节,应大力加强预算执行分析工作,一是建立常态化的执行分析工作机制,按月对收支进展及运行中的主要问题进行定性、定量分析,其突出的特点是数据齐全、准确、及时,分析全面、翔实、科学。用数据解读预算执行进度和政策落实情况,加快实现预算管理的动态化。二是建立健全社会保险基金预算执行报告制度,要求预算分析部门要采取定量和定性相结合的方法,分析社会保险基金收支情况,定期报告。预算单位总结运行过程中暴露的问题,并有针对性地解决执行中发现的问题,从而提高社会保险基金预算执行的科学性和计划性。

(六)建立有效的预算绩效考核机制和激励约束机制

1. 建立科学、规范、合理的绩效指标评价体系

建立绩效评价体系时,应遵循科学性原则、定性定量相结合的原则、激励性原则、可测性原则、整体性原则。从基金预算编制、基金预算执行和预算监督管理三个方面进行考评。对每项具体考核指标进行细化,制定考核评分标准

和分值,并明确考核所依据的材料,既量化,又可操作性。同时构建多元化的评价主体,将社会保险基金管理部门、社会公众、独立的专业评估机构等作为评价主体。将具有高度独立性的专业评估机构作为主要主体,可使绩效评价更加科学全面。

2.建立规范化、制度化的考核机制和激励约束机制

人社部门和财政部门在广泛征集意见和建议的基础上,总结各地经验,研究建立科学、合理、系统的绩效考核机制和激励约束机制,建立考核程序制度和考核结果运用制度。考核组要认真细致组织考评,认真编写考评报告,出具的考评报告应当依据充分、内容完整、分析透彻、建议清晰。通过绩效考核,提高社会保险基金预算编制的完整性、真实性,增强社会保险基金预算执行的科学性、计划性,强化社会保险基金预算监督管理,促进社会保险基金规范化管理,提升社会保险基金预算管理水平。

社会保险基金预算管理是社会保险基金管理的核心内容,社会保险基金预算是对社会保险基金安全运行实行全流程约束和监控的有效手段。预算编制、审批、执行、决算等具体环节的操作实施,接受监督,可进一步增强社会保险基金收支管理的规范性和约束力,使其处于有依、有据、有序的运行框架中,处于更加公开、透明、阳光的环境下。抓住预算管理可以全面带动和推进基金管理工作,推进社会保险事业的健康发展。

第五节 社会保险基金管理信息化

社会保险基金管理逐渐朝着信息化的方向发展,使财务和业务数据实现了实时监督和对比,达到了实时传输、实收自动确认和记账凭证自动生成等,促进了社会保险基金管理的发展。

一、社会保险基金管理信息化建设的现状

我国当前社会保险制度正在不断完善,紧急出台了各种政策,在此过程中,政策的不稳定性和信息系统需求的确定性形成了较大的矛盾。受各种原因影响,各社会保险基金经办机构都建立了自己的信息管理系统,导致各系统之间的技术不能相互兼容,以致存在许多垃圾信息。

社会保险基金数据的有效性较长,准确性要求较高,在新的信息系统开发中,会面临移植老系统数据和各险种数据不匹配的问题,以及各种政策和管理

体制问题,需要相关领导提供大力支持,而领导干部对专业的计算机问题经常会出现认识和管理不够的情况。在信息化建设中还存在缺乏专业的计算力量等问题,都对社会保险基金管理信息化建设造成了一定的阻碍。

二、社会保险基金管理信息化建设的策略

(一)建立综合信息管理平台,集中管理基金财务数据

当前许多城市市级基金财务软件已经实现了联网,并结合综合信息查询系统,对多区县汇总统计和分析表示支持,可以由粗到细、由表及里地对数据进行查询,达到深入分析细节,对总体财务状况进行合理掌控的目的。全市的财务系统实现联网,使基金财务数据库的财务实现了集中管理,采取统一的多账套、多险种、分级次的数据库模式对基金财务核算进行集中管理。集中式财务资源数据库的建立,保障了财务数据存储的安全性,使数据查询的深度和广度及财务数据的处理归集能力和效率得到进一步增加和提高,使各区县的监管基层社会保险基金的方式转变为动态与静态监管、事后与事中监管、现场与远程监管有效结合的实时监管模式,为社会保险基金健康稳定的运行提供了有效保障。

(二)开发运行分析系统,用分析模型为决策服务

该系统主要以"提升管理、方便查阅"为主要目的,主要提供报表类面板、报告类面板及驾驶舱类面板三大类"面板"浏览视窗,展现出了丰富的报表、图表、文档形式,可以运用 BI 数据仓库工具,对数据进行多维立方体分析、钻取和挖掘,以丰富的图形展示为领导决策提供坚实的基础,是充分发掘历史数据价值,从创新视角对数据变化趋势进行分析的有效途径。根据当前社会保险基金财务管理工作的具体情况,该系统现阶段应该对近五年收支余图表、预算执行情况、基金支撑能力及预警等模块进行分析。

为了使统一平台中不同管理者的个性化需求得到满足,应根据管理者的需求对其进行分类管理。该系统通过收集、管理、挖掘和分析社会保险基金财务、业务和相关数据,使社会保险基金分析实现了统一视图和数据规划,以图表的形式展现各险种的收支结构、变化趋势、执行预算的情况、支撑能力等内容,便于对其进行统一的决策。

（三）有效整合业务、财务、银行系统，开发社会保险业务新模式

1. 使财务、业务和银行支付信息等实现同步

银行通过和财务及业务系统的联合，有效整合三方系统资源，使数据发放时在系统外游离的风险得到合理解决，保障社会保险基金可以实时、安全、准确发放。

2. 严格地执行权限管理，保障基金安全

可采取类似于网上银行的安全机制，通过内部授权机制的制定，使其达到支付的目的。

3. 操作简单，使其效率得到提升

业务支付岗位可以利用业务系统向财务人员传递生成的拨付单据，财务部门等业务系统进行审核后，根据分级审核权限向银行系统发出拨付指令，银行系统根据收到的支付指令向领取待遇人员的账户划拨款项，并向业务系统及时反馈发放信息以确认实际支付，同时利用一体化财务—业务接口程序自动生成支付凭证，使财务系统的账务信息得到实时更新。

三、健全完善内控机制，配备基金管理安全锁

以保护社会保险基金的完整和安全为目的，通过对业务流程的认真梳理，采取"技防"手段，严格查询各社会保险业务办理环节的风险点，根据其岗位职责，建立完善的内控机制，并充分利用信息系统的约束和监督作用，使内部风险控制的重点由一般业务的差错问题转变成防范运行风险。在组织结构控制方面，应该建立合理的组织结构，明确机构内部各部门、各层面、各岗位的职责；建立以领导授权为准的控制制度，使各经办环节的责任和权限更加明确；在业务运行控制方面，应根据实际情况，按照政策法规，明确参保登记、核定缴费基数、账户管理、审核支付待遇等操作流程；根据"责任分离、相互制约"的原则设置会计人员的岗位，分工负责社会保险基金收支、存储、管理等工作，严格禁止一人兼任多个不相容单位和独自完成全程基金业务操作；在信息系统控制方面，应该对信息系统加强安全管理，信息系统数据信息备份、机房设备管理等制定更加完善的基础上，为系统和数据的安全性提供保障；建立使用和管理信息系统的制度，对相关密码管理严格的执行，另外还应注意，应出具新增和修改系统数据的书面依据，并由经办机构业务档案进行妥善的保管。

总之，全面实行社会保险制度作为我国建设和谐的社会主义的重要部分，可以提升居民的生活质量，而社会保险基金又是社会保险制度及其管理中比较薄弱的部分，因此应对该制度的完善引起重视，保障社会保险基金管理信息化建设健康发展。

第六节　社会保险基金管理绩效评估

就我国目前的情况来看，我国社会保险基金在运行的过程中存在一定的问题，主要是因为相关的管理制度设计不科学，社会保险基金管理绩效客观性并不是很强，没有建立全面的社会保险基金评价制度。社会保险基金合理的管理措施及科学的运行都会对社会安全、国家经济的发展等产生非常严重的问题，所以，必须加强对社会保险基金管理绩效评价体系的建立，有效地体现社会保障管理政策的作用，并且在体系建立的过程中及时发现其中存在的问题，解决问题，保障社会保险的顺利进行。

在社会保障事业中，社会保险基金管理是一项非常重要的内容，保险基金在进行资金筹集、资金运营及监督管理的过程中，其评价结果的准确性会直接影响社会保障工作的顺利进行。建立完善的社会保险基金管理评价体系，能够有效地对社会保险工作进行约束，同时，可以有效地为社会保险基金管理系统提供保障。

一、社会保险基金管理绩效的内涵和评估意义

现如今，社会保险基金管理绩效评估系统中反映出来的信息会对社会保险基金管理条例的建立提供更多更有效的参考数据，创建出规范合理的社会保险基金管理绩效评估方法，这样就能够在第一时间发现社会保险基金管理过程中所存在的问题，还可以随时改变项目的计划，补充系统里的不足之处，从而确保社会保险基金能够更好地发挥自身的作用和价值。

社会保险基金管理评估系统收获的信息资料，能够让人们充分了解到社会保险基金的结余基金及其使用情况。绩效评估结果的发布，能够让社会保险管理基金的工作人员在进行管理资金工作时候更加透明化，并且还能监督有关部门做到更加规范、更加有效地利用社会资源，从而进一步提高政府工作的绩效，为我国的社会保险基金管理做出更大的产出。

此外，在社会保险基金绩效进行评估的时候，可以对政府部门的相关管理人员进行规范性的管理。社会保险基金管理绩效的评估结果可以有效地反映出

相关的工作人员的工作效率，真实地反映工作人员的具体工作情况，对于不能有效完成基金管理工作的人员，需要进行合理的培训或者是对工作人员的岗位进行替换。管理部门的工作人员可以根据相关的评价结果对工作人员进行激励、奖励。

二、打造社会保险基金管理绩效评估体系

为了有效地建立完善的社会保险基金管理绩效体系，相关指标的确定是非常基础的工作。在通常情况下，社会保险管理绩效评价系统是由两个体系组成的，分别是定量指标体系与定性指标体系，将这两者进行合理的结合就可以建立非常完善的社会保险基金管理评价系统。定量指标体系主要指的是具体的定量、客观性的指标，并且又可以称为"硬指标"，这些指标不会受到主观性的影响，并且也不会受到人为设置的影响，在对社会保险基金进行评价的时候可以得到客观性的信息。定性指标体系主要指的是那些很难具体进行量化、主观评估的指标，这些指标又被称为"软指标"，这类指标主要是在民意调查的基础之上进行的。

（一）社会保险基金绩效审计评价体系的设计思路

根据相关的理论，社会保险基金管理绩效评估体系是一个非常大的评价系统，而且这个评价系统是由多个子系统组成的，这些子系统就是建立完善社会保险基金管理绩效评估体系的各个要素，只有有效地将这些因素进行有机的结合，才能充分发挥出社会保险基金绩效评级体系的重要性。在进行社会保险基金绩效审计评价体系设计的过程中，基金审计工作人员需要确定一定的评价指标，将其作为对社会保险基金绩效进行评级的重要依据，评价标准可以充分地体现出评价指标。此外，还需要根据社会保险基金绩效评价指标的相关定义，将社会保险基金运营过程中所涉及的各项要素之间的关系进行科学的梳理，并将其分解到基金具体的评价过程之中，通过德尔菲法和层次分析法可以完全地对社会保险基金评价指标的权重重新进行设定。将社会保险基金评价指标的结果与权重结合，并且同相关的评价标准进行合理的对比，使其能够形成对社会保险基金管理绩效的相关意见。

（二）构建多元化的评价主体

在对社会保险基金绩效进行评价的过程中，需要明确地指明评价与被评价的基金主体是非常重要的工作，面对不同的基金评价主体，基金评价的主要内容、评价的方式及相关的目标是不同的，最终所反映的评价结果也不同。为此，

应该构建多元化的社会保险基金绩效管理评价的主体,将社会保险基金管理的相关部门及社会公众、独立的专业绩效评价体系作为社会保险基金绩效管理评价的主体。将具有高度独立性质的专业基金绩效评价机构作为最主要的绩效评价体制,能够有效地避免社会保险基金在管理的过程中出现部门自我评价失准的情况,同时也不会受到公众人员主观想法的约束,使其成为客观评价的主体。

(三) 投资运营状况评估指标

1. 风险系数

所谓的风险系数指的就是在进行社会保险基金投资时,由于投资收益率存在不确定性及可能性,导致投资风险系数增加。在社会保险基金投资过程在理想上应该实现零风险,也就是说,投资收益率的不确定性发生概率应该为零,可以将此值作为标准值。这个标准值越小,表示资本市场发育程度比较高,同时市场运作比较规范,进而就能够确保社会保险基金在投资过程中具有较强的稳定性及安全性。

2. 资产缺口

资产缺口指的是利率敏感性资产及利率敏感性负债之间存在绝对量差额。当资产缺口越小时,表示社会保险基金将承担较大的利率风险,不会降低社会保险基金的支付能力,进而降低支付危机概率。

三、完善社会保险基金管理绩效评估指标

想要对社会保险基金管理进行绩效评估,就需要具备比较完善的评估指标。一般情况下,需要对绩效评估指标进行划分,即定量、定性和二者结合。在进行定量指标评估时,其评估标准就是进行绩效检查的重要依据,并将此当作评估参照物。定量指标是否科学合理,会对绩效评估的客观性及公正性产生直接影响,所以需要加强重视。想要建立绩效评估标准,应该明确绩效考核目标,并将此作为参照,不过需要注意的是评估指标不能随意进行更改。众所周知,在对社会保险基金进行绩效评估管理时,需要有评估指标作为管理的依据,主要包括社会保险基金收益率、管理成本、实支率、资产投资运营过程中产生的风险系数、存在的资产缺口等,这些都是进行社会保险基金绩效定量评估的指标。而所谓的定性评估指标则指的是利用主观指标体系反映人们对社会保险基金管理的看法。公众的满意度可以划分为五个阶段,即非常满意、比较满意、满意、不太满意,非常不满意。而满意度主要是对基金管理操作是否规范、社会保险有没有按时进行发放、社会保险基金管理机构的服务质量是否合格等。

通过把定量及定性指标相结合,可以对社会保险基金管理效果进行全方面的绩效评估。

总之,我国社会保险基金管理已经得到很大的进步,但是因为受到管理制度、管理环境等因素的影响,社会保险基金管理过程中仍然存在很多问题,保险基金管理绩效评价制度的不完善也是其中的原因之一,对于社会保险基金管理的发展有着非常不利的影响,所以,必须明确社会保险基金管理绩效评价体系建立的重要意义,积极建立完善的社会保险基金管理绩效评价体系,保证基金能够实现保值增值。

第四章　社会保险基金风险控制

第一节　社会保险基金存在的风险及对策

2013年6月18日，我国人力资源和社会保障部发布的相关信息显示，2012年全国共核查五项社会保险待遇享受情况9 041万人，查出7万人冒领待遇11 807万元，已追回11 389万元。违规人数、违规金额数目之大触目惊心。因此，加强社会保险基金的管理和监督，防范社会保险基金风险，确保基金安全与完整，是社会保险基金监管部门和社会保险经办机构迫切需要解决和研究的问题。

一、当前社会保险基金存在的风险

（一）冒领养老金

造成这一问题的原因主要有两点：一些离退休人员死亡后，其家属不按规定向单位和社会保险经办机构报告，继续冒领养老金，导致"已死亡人员继续领取养老金"的问题；一些离退休人员被判刑或失踪后家属不报告，社会保险经办机构无法及时停发养老金。离退休人员冒领养老金，导致养老保险基金产生损失。以2012年全国参保企业退休人员月人均养老金1 721元计算（不考虑养老金调整），一名已死亡退休人员被冒领的养老金一年为20 652元，五年为103 260元，十年为206 520元。由此可见，冒领养老金的人数越多，冒领的时间越长，养老保险基金的损失也就越大。

（二）违规提前退休

目前有相当部分的参保人员，尤其是效益不好的企业人员或自行缴费的灵活就业人员，出于个人经济利益考虑，在自身条件并不符合提前退休相关政策规定的情况下想方设法办理提前退休。部分企业职工或灵活就业人员通过修改身份证改大年龄、伪造特殊工种记录、伪造病历等手段，千方百计办理提前退休，或者是社会保险经办机构工作人员与参保人员内外勾结，违规办理提前退休。违规提前退休从收入与支出两方面蚕食养老保险基金。一方面，减少了参保人数、减少了缴费年限，导致养老保险基金收入减少；另一方面，提前领取养老金，增加了领取养老金的年限，导致养老保险基金支出相应增加。以特殊工种比正常退休提前五年为例，依照2012年全国参保企业退休人员月人均养老金1 721元计算，一名违规提前退休人员五年时间就可多领养老金达103 260元（不考虑养老金调整）。由此可见，违规提前退休导致社会保险基金收入减少、支出增加，从而导致社会保险基金损失。

（三）重复享受待遇

目前城镇企业职工养老保险统筹工作是由各省、各统筹地区分别开展的。由于社会保险信息系统无法互通，参保人员出现在两个不同的统筹地区参加养老保险，达到法定退休年龄时，便可以在两个统筹地区办理退休，当两个统筹地区的参保缴费时间均达到15年时，便可以在两个统筹地区按月领取养老金；或者是在城镇务工的农民工既参加城镇企业职工养老保险，又同时参加农村社会养老保险，由于目前城镇企业职工养老保险和农村社会养老保险的信息仍无法互通，同样存在享受双份待遇问题；还有在城镇务工的农民工同样存在同时参加城镇职工医疗保险和新型农村合作医疗并享受双份待遇的问题，从而导致社会保险基金的损失。

（四）定点医疗机构、药店存在违法违规问题

医疗机构单方或者与参保人员"合谋"违法、违规骗取医疗保险基金的现象时有出现，主要有：编造、涂改病历等医疗资料，骗取医疗保险待遇；入院把关不严，无须住院的患者却入院治疗；违反"三个目录"（"基本医疗保险药品目录""基本医疗保险诊疗项目范围"和"基本医疗保险医疗服务设施范围和支付标准"）规定，重复检查，超剂量、超范围使用药品；分解住院、挂床住院、延长住院；分解收费、重复收费、超额收费；医患联手，开具虚假医保支付项目，虚开上下联不符的票据；非参保人员冒名参保人员就医诊疗，或参保人员冒其他参保人员之名就诊。药店与参保人员"合谋"，通过用医疗保险卡购买不属于医疗保险药品目录的保健食品、生活用品等套取医疗保险基金。

（五）弄虚作假套取失业保险金

1. 失业人员实现再就业后继续领失业金

就业人员参加失业保险并缴费达到一定年限，其失业时可以按规定领取失业金，领取年限最长为两年。但有些失业人员在领取失业金期间已经实现了再就业，而其未向失业保险经办机构办理停止领取失业金手续，继续领取失业金。

2. 职业培训机构弄虚作假套取失业保险金

失业人员在领取失业金期间，失业保险经办机构委托职业培训机构开展失业人员职业培训、技能培训，为失业人员实现再就业提供技能支持。失业人员培训费用从失业保险基金中列支。但存在一些职业培训机构或职业培训机构与失业保险经办机构内外勾结，采取虚报增加失业人员培训人数、增加培训课时、增加培训项目等手段套取失业保险金。

（六）虚报缴费基数

一些企业为了降低经营成本，少负担社会保险费，就编造各种理由少报、瞒报、漏报社会保险缴费基数，导致少缴社会保险费。一方面，虚报缴费基数导致参保人员待遇降低，是对参保人员利益的严重侵害；另一方面，虚报缴费基数少缴社会保险费，导致社会保险基金的损失。2013年6月18日，我国人力资源和社会保障部发布的相关信息显示，2012年全国累计实地稽核企业212万户次，涉及参保职工17 515万人次，查出少报漏报缴费基数人数816万人次，少缴漏缴社会保险费35亿元，已督促补缴32亿元。由此可见，虚报缴费基数从而少缴社会保险费，会导致社会保险基金损失严重。

（七）企业欠费严重

目前社会保险基金主要来源于参保单位和参保个人的缴费。由于缴费绝大部分由单位承担，目前单位缴纳社会保险费的比例超过单位工资总额的30%。从执行情况看，参保单位特别是部分企业，由于经济效益不好，无能力缴纳社会保险费，欠费现象普遍。即便加大执法力度，也可能因企业无能力缴费，难以确保基金征缴到位。或者是效益好、有能力缴费的企业，故意拖欠社会保险费，从而导致欠费严重。至于企业欠费原因，笔者认为，关键在于两方面：一是社会保险费率过高（超过30%），企业负担过重，制约了企业缴费的积极性；二是社会保险费征缴缺乏刚性的强制约束，对违规手段处罚乏力。企业欠费行为使社会保险基金正常支出受到影响，无疑加大了社会保险基金的运行风险。

（八）基金贬值风险

目前我国社会保险基金保值增值渠道单一，法律规定社会保险基金只能存入银行或购买国家债券，靠存款或债券利息保值增值。我国银行存款利率长期略低于当年通货膨胀率，若银行存款以单利计息，而通货膨胀对货币的影响以复利计算，加大了其对社会保险基金的贬值力度，削弱了银行存款的保值能力，从而使社会保险基金的保值增值难以实现。

二、防范社会保险基金风险的对策

社会保险基金无论从收支过程，还是从管理环节来看，都潜伏着巨大的风险，加强社会保险基金风险防范迫在眉睫。笔者认为，应着重从以下几方面加强防范。

（一）建立健全社会保险基金风险防范制度

一是建立社会保险经办管理内控监督制度，筑牢业务、财务、内审稽核"三道防线"，实施全方位、全流程、全员式的社会保险基金风险管理监督机制。规范缴费基数审核、缴费核定、基金征缴、缴费记录、待遇核定、待遇发放、基金支出、财务管理、稽核等经办管理行为，加强对各个经办管理环节的检查监督，严把业务经办和基金进出口关。二是建立完善职工退休公示、退休核准联审核查制度。企业单位向人社行政部门或社会保险经办机构申报职工退休前，首先在本单位进行职工退休公示，接受职工监督，对不符合退休条件的，职工可以向人社行政部门或社会保险经办机构举报（退休公示附有相关机构举报电话和地址）。同时，相关机构要建立职工退休审批联审核查制度，尤其是特殊工种提前退休，要抽调不同部门的人员组成退休审批联审工作组，定期或不定期进行职工退休审批联合审查，严把职工退休审批关，避免职工退休审批由一个部门说了算和违规办理退休问题的发生，从源头上杜绝欺诈冒领养老金行为。三是建立健全领取养老保险待遇资格认证制度。社会保险经办机构要建立离退休人员生存认证系统，通过采集离退休人员指纹、脸谱等信息，建立完善离退休人员生存认证信息档案，定期或不定期开展离退休人员生存认证工作，避免死亡人员继续领养老金。四是建立失业人员领取失业金、职业培训核查制度，避免失业人员实现再就业后继续领取失业金、职业培训机构违规套取失业保险金问题发生。五是建立健全医疗保险监督核查制度。建立健全定点医疗机构、药店协议管理和考核处罚制度，加强对定点医疗机构、药店的监督检查，发现违规问题要严厉查处。

(二)建立完善社会保险基金监督机制

建立独立、统一、高效的社会保险基金监督管理委员会,负责社会保险基金的监督管理工作。委员会由人社、财政、审计部门及企事业单位代表共同组成,实行类似于人民银行、证监会、银保监会的管理体制,实行垂直管理,独立行使社会保险基金的监督职能。委员会定期或不定期检查监督社会保险基金征缴、支出、管理等情况,促进基金监督的常态化、制度化。

(三)建立协查机制,共筑社会保险基金"安全网"

一是建立审计、财政部门监督检查机制,共同实施对社会保险基金征缴、支出、管理和运营各个环节的全过程监督,相互配合,相互监督,形成强大的合力和有机统一的监督体制,确保基金安全完整。二是社会保险经办机构与公安部门建立户籍信息共享机制。在不违反公安户籍管理制度的前提下,社会保险经办机构与公安部门签订户籍信息共享协议,通过公安部门户籍信息网络,了解掌握离退休人员死亡、户籍注销等情况,防止死亡人员继续冒领养老金。三是社会保险经办机构与民政殡葬部门建立死亡人员信息互通机制,及时了解掌握离退休人员死亡情况,及时停发死亡离退休人员的养老金,避免基金损失。四是社会保险经办机构与卫生部门建立沟通协调机构,加强对定点医疗机构的管理和监督,防止定点医疗机构和参保人员骗取、套取医疗保险基金行为发生。五是社会保险经办机构与公安部门建立社会保险基金反欺诈联动机制,通过公安部门严厉打击社会保险基金欺诈犯罪行为。六是建立健全监督举报奖励制度。对于群众举报的违规办理退休、冒领养老金、套取失业保险金和医疗保险基金等行为,社会保险经办机构要组织调查核实,认证事实的要坚决查处,并对举报人给予奖励,形成良好的社会监督氛围。

(四)依法查处有关违法违规行为

一是严格执行《社会保险法》《社会保险费征缴暂行条例》《社会保险费申报缴纳管理规定》等法律法规,加强对参保单位缴纳社会保险费的监察、稽核,防止参保单位漏报参保人数、少报缴费基数和恶性拖欠社会保险费,确保应保尽保、应收尽收,避免基金"跑、漏"。二是加大对以欺诈、伪造证明材料等手段骗取社会保险待遇、贪污挪用社会保险基金等违法违规行为的查处力度,严格按照法律法规进行处罚,使违法违规者主观上不敢作为,防止基金损失。

(五)积极探索高效安全的基金运营管理体制,确保基金保值增值

党的十八大报告提出,要"扩大社会保障基金筹资渠道,建立社会保险基

金投资运营制度，确保基金安全和保值增值"。社会保险基金安全和保值增值问题首次被提升到国家战略高度。因此，在确保基金安全的情况下，如何确保基金的保值增值，已成为我们必须探索和研究的问题。笔者认为，基金的保值增值必然要探索安全的、更好的投资渠道，让基金有更多的投资选择，不能光靠买国债和存入银行，也就是说放宽基金的投资管制。当然，在放宽基金投资管制的同时，还必须规范投资行为及其程序，只有健全的投资机制和透明的投资程序，才能从制度上保证基金投资的理性和安全。从我国目前情况看，基金投资运营于国家主导的投资项目，才能保证基金安全和效益。为此，笔者建议，从国家层面成立社会保险基金投资运营机构，统一集中运营全国的社会保险基金，这样基金汇集量大，由国家层面集中运营，可以多考虑与国家的大型基础设施建设相结合，投资国家大型基础设施建设项目，如发电站、铁路建设等，这种投资不仅是最安全的，也是最便捷、最高效的基金保值增值途径。

（六）加强社会保险信息化建设

一是加快推进全国联网的社会保险信息网络系统建设，实现全国信息资源共享，打破参保信息割据现状，有效杜绝一人跨统筹地区参加多份社会保险现象，避免重复享受社会保险待遇。二是建立健全养老金防冒领预警系统。在不断加强基本信息数据库建设的基础上，以退休人员年龄、身体状况为重要特征建立预警系统，实现对退休人员的动态管理。同时对高龄、病弱退休人员建立信息预警机制，定期协查通报退休人员的健康情况，并积极协调公安、民政部门，定期将退休人员死亡信息通报社会保险经办机构备案。三是建立完善医疗保险反欺诈系统，社会保险信息系统实现与医疗机构联网，对医疗机构进行实时监控。四是不断提升社会保险信息化功能，将社会保险费征缴信息与参保企业工资总额、企业税收、职工的生存状况等信息联动，以科学的方法促进社会保险费征缴，严防社会保险基金流失。

（七）加大宣传力度

加大社会保险的宣传力度，让社会各界支持社会保险工作，让广大群众知晓参加社会保险的好处和不按时足额缴纳社会保险费的坏处，积极参加社会保险，并自觉监督单位按时足额缴纳社会保险费。另外，对故意拖欠社会保险费的单位，社会保险经办机构通过新闻媒体进行曝光，让社会公众监督单位缴费，尤其是让社会各界充分认识冒领、骗取社会保险待遇和违法违规侵占社会保险基金不仅可耻而且是犯罪行为，对冒领、骗取社会保险待遇和违法违规侵占社会保险基金的发现一起查处一起，不但要追回冒领、骗取和侵占的基金，还要通过新闻媒体向社会公开，对违法违规企图冒领、骗取和侵占基金者起到警示作用，形成全社会共同监督社会保险基金安全的良好社会氛围。

（八）加强队伍建设，培养基金监管人才

社会保险基金风险监管工作专业性强，涉及面广，要求监管人员具备业务、财务、审计、金融、法律等多门知识。加强干部队伍的培训，加强队伍世界观、人生观、价值观、权力观、政绩观、廉洁自律等教育，提高干部队伍的政治思想素质和业务素质，提高干部队伍自警、自重、自省、自励意识，筑牢拒腐防变防线，使社会保险经办机构干部队伍成为社会保险基金的坚强保护者。

第二节 社会保险基金运营风险及对策

近年来，随着我国社会保险事业的迅速发展，社会保险基金规模逐渐增大，其运营过程当中的风险不可避免地成为一个重要的话题。社会保险基金的运营过程可能遇到相应的风险，包括市场风险、法律与监督风险、财政支付风险和操作风险，这需要我们结合我国的实际情况找出化解风险的方法。

一、社会保险基金运营概述

（一）社会保险基金概况

目前，我国社会保险基金主要分为养老保险金、失业保险金、医疗保险金、工伤保险金和生育保险金，一般有三个来源：一是由参保人缴纳的保费；二是财政补贴；三是基金的银行利息或投资回报等。

社会保险的有效实施，能够抵御老龄、疾病、伤残和失业等事件带来的收入损失，从而充分保证绝大多数人达到基本的生活水平，并能对消费、储蓄和投资产生预期的影响，能否安全、有效运营和保值增值是社会保险制度成败的关键。

（二）社会保险基金的运营

1. 运营的过程

社会保险基金的运营过程主要分为三大块：基金的筹集、基金的投资运营（保值增值）和基金的支付。这三个过程同时进行又循环往复，其中基金的筹集是基础，支付是效应，而保值增值则是为使基金在未来遭遇贬值风险时不致实际支付能力降低的重要手段，因而是运营中非常重要的一个环节。

2.运营模式

依据国际上的实际运营状况,社会保险基金的运营有三种模式。

(1)高度集中模式

要求参保人将其缴纳的社会保险基金投入一家公共管理的中央基金,由其集中运营,参保人无权自由选择自主投资。

(2)零售模式

允许参保人自行在房地产、股票市场投资,在社会保险基金的运营上引入竞争机制。

(3)适度集中模式

基金公司可以和公共机构签订协议,遵循协议来筹集、投资及支付社会保险基金,也可以通过竞争招标或拍卖的方式来取得运营社会保险基金的运营权,但参保人不直接与基金公司打交道,个人的社会保险金由公共机构统一征收,集中后再按照参保人意愿分配给所选基金公司投资运营。

目前我国社会保险基金运营模式仍是高度集中模式,但正在探索与转变。近年来社会保险基金被允许入市后取得了较好的收益,相信其正在向适度集中模式转变。

二、我国社会保险基金运营中面临的主要风险

全国社会保障基金理事会近年来实行有效的市场运作,不仅实现了基金保值增值,也促进了我国资本市场的稳步发展。但其成绩背后存在的问题仍不可忽视,首先是体制转变与人口老龄化同时发生造成的资金缺口,其次现实中还存在法制不健全、基金挪用、筹资渠道不畅及提前退休引发的支付压力等问题。

(一)市场风险

市场风险是指由于基础资产市场价格的不利变动或者急剧波动而导致衍生工具价格或者价值变动的风险。我国社会保险基金的投资渠道偏少,目前大都以银行存款的形式存在,因而我国社会保险的投资回报率较低。加之目前我国处于通货膨胀时期,物价上涨,CPI指数不断标高,资金实际价值降低的速度较快,导致我国社会保险基金的贬值。

(二)法律与监督风险

法律与监督风险是由于国家社会保险制度方面有些政策不到位或者滞后引起的风险。首先,我国还没有形成统一、系统的社会保险法律体系,这对我国的社会保险运营管理工作造成了不利影响。其次,社会保险基金的产权主体是

社会保险基金的参保人，政府负有监管职责，二者是一种委托代理的关系，但目前这种委托代理关系是形式上的，实际上存在权责不一致、信息严重不对称等问题。最后，社会保险基金管理、经办和监督部门在决策、执行和考核监督职能上划分不严格、责任不明确。

（三）财政支付风险

财政支付风险是指社会保险基金由于存在收支不平衡的状况，导致政府调动资金来支撑，从而加重政府财政负担而引发风险。

首先，我国社会保险基金的消费者数量远远大于社会保险基金的缴纳者数量，这样便形成了一个需求与供给不对等的关系。其次，我国近年来人口老龄化的速度非常快。不断扩大的养老保险基金收支缺口，已经成为引发财政支付风险的巨大隐患。

（四）操作风险

操作风险是指因体系不完善、管理失误、控制错误、欺诈及人为错误所造成的潜在损失。

在这个环节上，我国社会保险基金运营的风险较高，首先是因为我国没有建立起非常规范化、制度化的社会保险体系，挥霍管理费的现象较严重；其次存在区域之间的不平衡，经济较发达地区的社会保险体系较为完善，经济不发达地区则运行低效或失效，这都会造成社会保险基金的风险。

近年来，国家加大对社会保险基金的监管力度，逐步完善管理制度，多次组织全国范围的大检查和专项审计，对管好用好基金发挥了积极作用，但一些严重违规和犯罪问题仍屡禁不止。对其进行进一步分析可以看到更深层次的原因：我国社会保险资金筹集、支付和经办等环节还有黑洞、漏洞，需要完善我国的社会保险体制、制度和运营机制，从根本上解决这类问题。

三、化解我国社会保险基金运营风险的对策

如何在社会保险基金的运营过程中规避风险，实现社会保险制度的保障功能，是一个非常值得研究的重大课题。针对社会保险基金在运营过程中可能遇到的风险，笔者提出了如下化解方案。

（一）完善我国资本市场，化解市场风险

在经济转轨期间的中国资本市场，金融制度和资本市场还不完善，因此，风险依然很大。但是社会保险基金与资本市场之间相互依赖、相互受益的特性

给我们的运作提供了成功的可能。

我们需要有效地培育资本市场并规范风险,还应当坚持专业化运营,委托专业性投资管理机构来进行投资运营,顺应趋势,拓宽社会保险基金投资运营途径,分散市场风险。同时我们还可以适当利用一下国外发达成熟的资本市场,将一部分社会保险基金投入国外资本市场来获得收益。此外,我们还可以将部分资金投资到有良好投资回报的实业投资上。

(二)完善法律法规,化解法律与监管风险

完善社会保险的法律制度,可以为社会保险的风险管理建立一个合理平台。我们可以借鉴美国的社会保险法规,引用吸收其中符合我国国情的部分。

然而在社会保险基金的投资管理方面则不能引用美国法律法条,美国社会保险基金的供求比较平衡,不存在我国的资金缺口问题,因而美国的社会保险基金管理更安全,他们的《社会保障法案》明确规定不允许社会保险基金进入盈利性投资领域。而我国社会保险基金供不应求,社会保险基金的增值非常迫切,因而需要投资收益率较高的领域,但是这必须有良好的法律监管平台,以保证社会保险基金的安全。

(三)完善财政管理,化解财政支付风险

一是编制社会保险预算。在政府公共预算之外,单独编制社会保险基金预算。

二是确保社会保险基金保值增值。在保证资金安全的前提下,财政部门要适当拓宽社会保障资金的投资渠道,增强社会保险基金保值增值能力。

三是加强财政对社会保险基金的财务监督管理。对社会保险基金征缴、投资运营及拨付使用等全过程进行监督检查,建立社会保障财政风险预警机制。

四是进一步调整财政支出结构。优化支出存量结构,集中财力向社会保障倾斜。

(四)完善社会保险体系,化解操作风险

第一,努力扩大社会保险覆盖范围。

第二,积极开展商业保险,缓解社会保险的压力。这是保险业必须深入研究和积极实践的重大课题。

第三,畅通社会保险基金的筹资渠道,避免社会保险基金不必要的流失,确保社会保险基金持续安全运行。

第四,允许基金公司投资运营社会保险基金,增加社会保险基金的收益,

让社会保险基金的投资运营过程安全、有序、高效。

第五，完善社会保险体系，以确保社会保险基金支付顺畅准确，避免冒领基金等现象的发生，从而引发社会保险基金的无谓损失。

由此看来，建立健全社会保险体系对于化解操作风险具有重要意义。

社会保险基金是关系全社会人民利益的基金，一旦社会保险基金在保值增值上操作失误，将会影响到国家经济社会的稳定与发展。

随着市场经济的建立运行，我们的社会保险制度会受到严格的考验。世界金融市场的波动会对我国社会保险基金的运营产生影响，如何防范不良影响的产生及如何让这个大市场帮我国完成社会保险基金的保值增值都是值得研究的课题。

第三节　社会养老保险基金筹资风险及控制

从我国社会养老保险制度筹资的实践来看，个人、企业（单位）、政府是社会养老保险基金筹资来源的三个重要主体。在社会养老保险基金筹资过程中，每个社会养老保险参与主体存在着不同动机，表现出不同的行为，他们都从理性出发追求自己本身利益的最大化，导致社会养老保险基金筹资中出现许多不确定风险。参与主体在筹资过程中过度追求自身利益，使社会养老基金面临着隐性债务、个人空账、收支失衡等风险，影响着社会养老保险基金的安全稳定。而要避免这些风险，不能仅仅依靠内部制度的完善，还需加强法律、监督、诚信等制度的建设。

一、有限理性视角下社会养老保险参与主体行为分析

在社会养老保险筹资过程中，个人、企业、地方政府从理性出发都追求各自利益的最大化，导致筹资过程中不确定性风险的出现，使社会养老保险基金筹资规模不能满足社会养老保险制度的支出需要。各参与主体在社会养老保险基金筹资中的利益角度不同，他们所表现出来的行为也存在较大差异。

（一）有限理性视角下的个人缴费行为

社会养老保险基金的筹资模式通常有三种，即完全积累制、部分积累制、现收现付制，结合人口老龄化、国家财政实力、制度的激励性等，我国选择了部分积累制的筹资模式，即个人账户与社会统筹相结合的筹资模式。就个人账户而言，本质上应属于强制性储蓄，个人缴纳的费用直接计入社会养老保险基

金经办机构给每个人指定的账户,由社会养老保险基金运营机构进行投资,实现保值增值,在个人达到退休年龄后再返还给个人,并且后代拥有对个人账户积累基金的继承权。从个人账户的建制理念看,该制度具有较强的激励性,个人缴费越多,退休后的生活待遇就越好,个人应积极主动缴费。但是从个人账户的实践来看,个人账户还存在着诸多风险,导致个人账户信心不足,影响着个人缴费的积极性。

首先,个人账户"空账"问题减少了个人对社会养老保险制度的预期。为了满足社会统筹账户的支付需要,社会养老保险经办机构挪用了个人账户的积累部分,使个人账户变成了名义账户,形成了社会养老保险基金的"空账"问题。2007年社会养老保险"空账"规模为1.1万亿元,2013年达3.1万亿元,社会养老保险基金"空账"问题呈现严重化趋势。其次,社会养老保险积累基金贬值严重。为了确保社会养老保险基金的安全性,国家对社会养老保险基金投资做出严格的限制,社会养老保险基金只能用于购买国家债券或进行国有商业银行存款,导致社会养老保险基金积累部分收益率较低,无法应对通货膨胀压力,社会养老保险基金缩水严重。以社会平均工资增长率作为参照,2011年社会养老保险基金积累部分缩水高达1.3万亿元。最后,变现能力受到限制,强制性储蓄不如自愿性储蓄变现性方便,不能满足个体的交易和投资需要,存在机会成本。因此,个人从自身利益出发,不愿意把更多的钱存入社会养老保险基金个人账户,导致社会养老保险基金筹资能力不足。

就社会统筹账户来讲,企业缴费多少与企业员工的社会养老保险收益没有太大关联性,企业缴费多,并不能保证本企业员工的社会养老保险金高。因此,可能会导致员工与企业主达成某种协议,以通过降低工资标准增加奖金或企业年金的方式,减少社会养老保险统筹部分费用的缴纳,对于个人来讲,奖金或企业年金更加具有激励性。个人和企业通过达成某种协议逃避社会养老保险缴费,使社会养老保险基金筹资面临风险。

(二)有限理性视角下的企业缴费行为

企业是以追求利润最大化为目标的组织,企业活动围绕着降低生产成本创造更多利润进行。社会养老保险基金缴费是人力资源成本的重要组成部分,社会养老保险基金缴费会使商品的成本抬高,降低商品在市场中的竞争力。企业主为了增加商品的竞争力获得更多的利润,会想方设法地降低生产成本,少缴或逃避社会养老保险费成为其降低成本的重要手段。

在有限理性视角,企业在社会养老保险基金缴费中表现出以下几个方面的行为。首先,企业为了获得利润最大化,人为地瞒报、少报工资总额。社会养老保险缴费是按照企业工资总额的一定比例收取的,企业工资总额越多,企业缴纳的社会养老保险基金费用就会越多,因此,企业为了压缩社会养老保险费用的支出,往往通过瞒报职工人数或少报工资总额的方式来达到少缴费的目的。其次,企业为了实现利润最大化,拒交社会养老保险费。由于我国社会养老保险法制化进程较慢,社会养老保险缴费监控机制还不健全,社会养老保险缴费强制性还不够,对企业还缺乏一定的约束力。因此,部分企业出于对自己利益的考虑,拒不缴纳社会养老保险费。最后,企业为了实现自己利益的最大化,拖欠缴纳社会养老保险费。一部分企业由于经营不利,企业处于亏损状态,没有钱缴纳社会养老保险费,即使有了钱也会投资到企业的转亏为盈上,造成了拖欠社会养老保险费用现象的出现。另一部分企业为了拥有更多的流动资金,以便开展企业经营活动,刻意拖欠社会养老保险费用。在社会养老保险基金的筹资过程中,企业为了实现自身利益,通过瞒报人数、少报工资总额、拒不缴纳社会养老保险费用等方式来减少或逃避社会养老保险缴费义务,使社会养老保险基金筹资面临巨大风险。

(三)有限理性视角下政府对社会养老保险财政支持行为

目前,我国社会养老保险制度还没有实现全国统筹,社会养老保险制度以市县级统筹为主,部分地区实现了省级统筹,社会养老保险财政支持主要是地方政府行为。地方政府在财政支出的决策上,首要目标是促进地区的经济发展,即财政支出对地方 GDP 增长的贡献率。社会养老保险基金作为消费基金,长期得不到地方政府的重视。地方政府在社会养老保险制度中的"无为"会影响到社会养老保险基金的稳定运营。

地方政府在有限理性行为的影响下在社会养老保险筹资过程中会表现出以下几个方面的行为。首先,为了获得更多的投资,促进地方经济发展,少数地方政府对企业逃避缴纳社会养老保险费的行为放任自流,在资本与劳动力的关系上,偏好资本,忽略劳动力的重要性。其次,由于中央政府和地方政府事权和财权划分不明确,形成了下级政府依赖上级政府、地方政府依赖中央政府的现象,最终将社会养老保险基金筹资风险转移给中央政府。在社会养老保险筹资中,由于中央财政起着兜底的作用,一些地方政府为了本区域经济的发展,避免社会养老保险费过高影响到经济增长,采取能收多少收多少的消极策略,将最后的财政责任转移给中央政府。最后,一些地方政府为了获取更多的发展机会,可能会挤占、挪用社会养老保险基金,给社会养老保险基金的安全造成严重影响。

二、社会养老保险基金筹资过程中产生的风险

我国社会养老保险基金主要来源于个人、企业（单位）和政府，他们在社会养老保险基金筹资过程中的态度和行为影响到社会养老保险基金来源的稳定性。在社会养老保险筹资过程中，地方政府存在效率、资本偏好；企业存在追求剩余价值最大化偏好；个人存在追求个人效用最大化的偏好。在这些偏好的影响下，一些地方政府对社会养老保险筹资表现消极，财政支持力度不大；个人和企业在信息不对称情况下存在道德风险倾向，逆向选择现象严重，给社会养老保险基金的安全性和稳定性提出了严峻挑战。

（一）社会养老保险转制成本无人分担，隐性债务规模居高不下

在人口老龄化的冲击下，现收现付制的社会养老保险基金筹资模式难以为继。为了应对人口老龄化带来的挑战，我国建立了社会统筹与个人账户相结合的社会养老保险筹资模式，即部分积累制。在社会养老保险筹资模式由现收现付制向部分积累制转变后，个人缴纳的社会养老保险基金将会进入个人账户，"中人"和"老人"由于缺乏前期积累，在待遇不变的情况下社会养老保险基金支付必然会出现缺口，这部分资金缺口就成为制度转型的成本，转制成本问题能否得到有效解决，关系着社会养老保险基金筹资模式转型的成败。目前，由于社会养老保险转制成本缺乏明确的分担主体，社会养老保险转制成本问题一直没有得到有效解决，使其转化成巨额的社会养老保险基金隐性债务。

在部分积累制建立之初，政府期望在社会养老保险制度内来解决转制成本问题，即通过社会养老保险基金统筹部分来逐步化解隐性债务问题。在人口老龄化的冲击下，社会养老保险基金统筹部分远不能满足当期退休者的支付需要，不可能拿出多余的资金来化解隐性债务问题。如果在社会养老保险制度内解决隐性债务问题，唯一的途径就是把社会养老保险缴费率提升到一定高度，但这会增加企业的成本，加剧代际不公平，会遭到个人和企业的反对。此外，一些地方政府又存在资本偏好，为了本地区的经济发展，甚至会同意通过提高社会养老保险费的方式解决问题，社会养老保险隐性债务在制度内解决存在很大难度。在社会养老保险隐性债务问题无法靠内部解决的情况下，只能把希望寄托在外部的资金支持上，特别是地方政府对社会养老保险制度的财政支持。但对于地方政府来说，相对于社会养老保险，其更愿意把财政资金用在经济基础设施的建设上。同时，面对巨额的隐性债务，许多地方政府财政也负担不起，不具备解决这一问题的财政实力。因此，虽然社会养老保险基金筹资模式完成转型已经多年，但社会养老保险转制成本问题至今还没有得到解决，威胁着社会

养老保险基金的安全，制约着社会养老保险制度的可持续发展。因此，在有限理性视角下让个人、企业（单位）、政府分担社会养老保险基金转制成本是很难实现的，社会养老保险隐性债务困扰还会继续下去。

（二）社会养老保险统筹资金入不敷出，个人账户基金长期"空账"运行

社会养老保险基金筹资模式转型所产生的转制成本无法分担，社会统筹基金不能满足当前退休人员的支付需要。为了解决社会养老保险基金支付问题，政府挪用了社会养老保险基金个人账户的积累部分，导致社会养老保险基金个人账户"空账"运行。在人口老龄化日趋严重的情况下，社会养老保险基金个人账户部分被挪用得越来越多，"空账"规模也越来越大，已经成为制约社会养老保险基金安全的重要瓶颈。2005年底，我国社会养老保险基金个人账户部分"空账"规模已经达8 000亿元，成为制约社会养老保险制度改革和实践的重要障碍，引起公民的普遍关注。

在社会养老保险基金统筹部分入不敷出、个人账户"空账"运营的情况下，个人和企业将会从理性出发，做出对自己有利的选择。首先，个人、企业将会出现对社会养老保险制度的可持续发展信心不足。在人口老龄化的冲击下，社会养老保险基金统筹部分入不敷出，社会养老保险基金个人账户"空账"规模不断扩大，未来社会养老保险制度能否担当起养老保障的重任受到质疑。其次，参加社会养老保险个人账户，不如选择自愿储蓄。社会养老保险基金个人账户既然成为名义账户，个人账户又存在贬值、缩水风险，对于个人来讲选择自愿储蓄对他们更有利。最后，地方政府对社会养老保险基金个人账户"空账"运行的不作为，会降低个人、企业缴费的积极性。地方政府倾向于在社会养老保险制度内解决个人账户"空账"问题，不愿意通过财政补贴的方式来做实个人账户，虽然国家提出要做实个人账户，但地方政府在做实个人账户行动上比较迟缓，社会养老保险基金个人账户"空账"规模呈现继续扩大趋势，这严重挫伤了个人缴纳社会养老保险费用的积极性。因此，在个人、企业、地方政府理性行为的影响下，社会养老保险基金统筹入不敷出的情况很难改变，社会养老保险基金个人账户"空账"还会继续存在，这无疑增加了社会养老保险基金的筹资难度和风险。

（三）社会养老保险基金收缴缺口巨大，基金财务长期收支失衡

目前，从社会养老保险基金的收支情况来看，我国社会养老保险基金还存在结余，其主要原因是我国社会养老保险基金统筹部分和个人账户部分混在一起，社会养老保险基金统筹挪用了个人账户的积累部分，把社会养老保险基金的缺口掩盖了起来，一旦社会养老保险基金统筹部分和个人账户分开管理，社会养老保险基金的收支缺口就会很快显现出来。社会养老保险基金缺口的不断扩大，导致社会养老保险基金财务收支失衡，影响着社会养老保险制度的稳定运营。从社会养老保险基金财务平衡的模型来看，影响社会养老保险基金收支平衡的因素由内生变量和外生变量两个部分构成，内生变量主要由社会养老保险缴费比率和基金投资收益构成，外生变量由人口老龄化和社会养老保险隐性债务构成。在社会养老保险基金投资收益率较低、社会养老保险隐性债务缺少明确的承担主体下，要应对人口老龄化对社会养老保险财务收支平衡带来的挑战，解决的办法只有提升社会养老保险费率。但过高的社会养老保险缴费必然会遭到个人和企业的抵制。一方面，企业会减少人力资源的使用，失业者无力缴纳社会养老保险金，会进一步加剧社会养老保险基金收支的失衡。另一方面，个人与企业合谋，隐瞒工资总额或瞒报职工人数，以减少社会养老保险缴费，使社会养老保险基金收入出现新的风险。

　　社会养老保险基金收支的长期失衡得不到有效解决，会对社会养老保险制度的稳定性产生重要影响。首先，社会养老保险基金作为社会养老保险制度的物质基础，其巨大的收支缺口，给社会养老保险制度的可持续发展带来严峻挑战。其次，社会养老保险基金为了弥补收支缺口不断地侵蚀个人账户基金，会把社会养老保险基金收支矛盾无限期地延长下去，使社会养老保险基金收支风险随时间推移不断增大，逐渐减少个人和企业对社会养老保险制度的良好预期。这会进一步加剧社会养老保险基金财务收支的缺口，直接威胁社会养老保险制度的稳定运行。

三、社会养老保险基金筹资风险的控制

　　社会养老保险基金筹资模式由现收现付制向部分积累制的转变，是应对我国快速人口老龄化的重要举措，符合社会养老保险制度可持续发展的需要。但是在实际运行中部分积累制筹资模式由于缺少相关的制度环境支持，个人、企业、地方政府又都从理性出发，在社会养老保险基金筹资中过分地关注自己的利益，从而给社会养老保险基金筹资带来风险，形成了社会养老保险隐性债务、个人账户"空账"等问题。这些问题的产生和出现不是部分积累制本身造成的，而是制度安排缺少相应的外部环境支持诱致的结果。因此，要解决有限理性视角下社会养老保险基金筹资风险问题，需要不断完善外部制度环境的建设。

（一）完善与社会养老保险筹资相关的法律制度

有限理性视角下社会养老保险基金筹资风险的形成，客观上与社会养老保险基金筹资法律制度建设相对滞后有着直接的关系。因此，要化解社会养老保险基金筹资的风险，必须重视社会养老保险基金筹资法律制度的建设。立法先行是社会保障制度定型、稳定的客观标志，也是建设中国社会保障体系并实现其发展战略目标的内在要求。社会养老保险基金的筹资关系到个人和企业的切身利益，关系到社会养老保险制度物质基础的稳定性，更需要通过强制性的法律制度来进行规范和约束。完善社会养老保险基金筹资法律制度，有助于减少社会养老保险基金筹资过程中个人、企业、地方政府三者之间的博弈，避免在社会养老保险缴费过程中出现讨价还价的现象，强化社会养老保险基金筹资的权威性，从制度上确保社会养老保险基金来源的稳定性。

在社会养老保险基金筹资法律制度的建设中，要注重以下几个方面。首先，要明确中央政府、地方政府、企业、个人在社会养老保险筹资中的具体责任，特别是社会养老保险筹资中的供款责任。规定个人、企业、地方政府不得以任何理由拒绝、逃避和拖延社会养老保险供款，违者将受到法律的严惩。其次，以法律强制的手段扩大社会养老保险基金的筹资范围，严厉制裁个人和企业少报工资总额、瞒报职工数量等行为，杜绝社会养老保险基金筹资中的道德风险和逆向选择行为。再次，要明确社会养老保险隐性债务承担主体，用法律制度清晰界定社会养老保险转制成本的承担主体，特别是中央政府和地方政府在社会养老保险转制成本中的具体财政责任。最后，要用法制手段严禁社会养老保险统筹支付对社会养老保险个人账户基金的侵蚀，严惩地方政府随意挪用社会养老保险基金的行为，逐渐地做实社会养老保险基金个人账户。

（二）完善社会养老保险基金筹资的监管机制

社会养老保险金筹资模式虽然完成了现收现付制向部分积累制的转型，但新的筹资模式还不够成熟，在制度设计上还存在一些漏洞和缺陷。社会养老保险参与主体从自身利益出发，利用制度的漏洞和缺陷逃避社会养老保险筹资中的应有责任，使社会养老保险基金筹资产生风险。因此，完善社会养老保险基金筹资的监管机制，严惩社会养老保险基金筹资中出现的违规、违法等行为，确保社会养老保险基金来源稳定就变得十分重要。随着人口老龄化的到来及我国建设社会主义市场经济速度的加快，社会养老保险基金监管机制迫切需要进行完善。目前，国家对社会养老保险基金筹资的监管重视不够，社会养老保险基金筹资的监管体系还没有完全建立起来，应在借鉴国外社会养老保险基金监管经验的基础上,加快我国社会养老保险基金筹资监管体系的建设,实现对社会养老保险基金筹资中出现的违规、违法等行为进行有效的控制。

在社会养老保险基金筹资监管机制的建设中,要重视以下几个方面的工作。首先,要把社会养老保险基金筹资的监管从基金运营中分离出来,建立独立、高效、专业的社会养老保险基金筹资监管机构。社会养老保险基金筹资监管系统的独立能够打破对其他行政部门的依附,更好地行使自己的监督权力,做到高效监督。其次,要强化社会养老保险基金筹资监管的法制建设,提高其监管的权威性。社会养老保险基金筹资监管开展的重要基础是法律赋予的权力和职责,如果缺乏有效的法律支撑,社会养老保险基金筹资的监管则"名不正,言不顺",监管的权威性会受到质疑,不能做到有效监管。因此,要加强社会养老保险基金筹资监管的法制建设,形成对社会养老保险基金筹资中违规、违法行为的震慑。最后,要培养社会养老保险基金筹资监管的专业人才,实现对社会养老保险筹资过程全程全方位监管。业务能力强的专业监管人才是实现社会养老保险基金筹资监管的重要前提,因此,要重视社会养老保险基金监管人才的挖掘和开发,实现对社会养老保险基金筹资过程的全程、全方位监管。

(三)明确中央政府和地方政府在社会养老保险基金筹资中的责任

目前来看,在社会养老保险制度内解决转制成本恐怕很难实现,依靠挪用社会养老保险基金个人账户部分来应对社会养老保险基金统筹的支付需要又很难长久维系。在这种情况下,中央政府和地方政府应该拿出切实可行的举措,通过财政支持的方式来化解社会养老保险转制成本,做实社会养老保险基金个人账户,逐步实现社会养老保险基金的收支平衡。通过建立财政调整机制、改革财政激励机制、优化财政分担机制、完善财政监管机制等,不断完善社会养老保险的国家财政责任。政府作为社会养老保险基金筹资模式变革的主导者和受益者,对于变革产生的成本无疑应该承担起应有的财政责任。

在社会养老保险基金筹资中,政府的财政责任主要体现在以下几个方面。首先,要明确中央政府和地方政府在社会养老保险基金筹资中承担的具体责任,并把这种责任制度化。政府作为社会养老保险基金最终的"兜底"主体,应该对社会养老保险转制成本负起相应的财政责任,并根据社会养老保险基金转制成本规模制定出相应的财政补贴制度,并将这种财政支出制度化,确保社会养老保险基金收支的长期平衡。其次,明确中央政府与地方政府在社会养老保险筹资中的供款比例。长期以来,中央政府和地方政府在财权和事权上划分不清晰是制约社会养老保险基金获得财政支持的重要因素。因此,要合理地制定出中央政府与地方政府的财政供款比例，要避免下级政府依赖上级政府、地方政府依赖中央政府，无财政支持的现象出现。最后，要加大中央政府和地方政府对社会养老保险制度的财政支持力度，确保社会养老保险基金安全运营。地方政府应该改变以经济增长为中心的政绩观，把对民生的财政投入放在首位，确保公民的基本生存安全，加大对社会养老保险制度的财政支持，实现社会养老保险制度的可持续发展。

（四）提升个人、企业、地方政府在社会养老保险缴费中的诚信意识

社会养老保险制度，实质上是个人、企业（单位）、政府三者之间共同签订的契约，在契约执行过程中需要参与主体遵循诚信意识，否则社会养老保险制度的可持续发展必将受到破坏。在社会养老保险筹资过程中，个人、企业（单位）、地方政府从即期利益出发，违背社会养老保险契约精神，孕育社会养老保险基金筹资风险，威胁着社会养老保险基金的运营安全。首先，由于一些诚信意识较差，在社会养老保险基金筹资过程中利用信息不对称而少缴费、多领取社会养老保险金，影响社会养老保险基金的财务收支平衡。其次，由于缺乏诚信意识，一些企业在社会养老保险筹资中故意隐瞒工资总额、职工人数等，导致社会养老保险基金筹资金额不足。最后，由于诚信意识的不足，一些地方政府刻意减少养老保险财政支出，甚至出现挪用、挥霍社会养老保险基金等现象，严重影响着社会养老保险基金的财务安全。因此，在社会养老保险基金筹资过程中，应不断提升个人、企业（单位）、地方政府在社会养老保险缴费中的诚信意识，减少社会养老保险基金筹资的道德风险和逆向选择行为。

个人、企业（单位）、地方政府在社会养老保险缴费中有无诚信意识关系到社会养老保险资金来源稳定与否，制约着社会养老保险制度改革的成败，政府和社会应重视诚信体系的建设，倡导诚信意识，惩罚失信行为，保证社会养老保险基金筹资顺利进行。

诚信意识的提升可以从以下几个方面着手：首先，强化法律对社会养老保险基金筹资诚信体系建设的支持，严惩社会养老保险基金筹资过程中出现的违反诚信行为，让社会养老保险基金筹资过程中的失信者付出较大的成本，使诚信体系走向法制化的轨道；其次，建立社会养老保险基金筹资的信息公开制度，对违反诚信的行为予以披露，通过社会养老保险基金筹资信息的公开，更好地发挥社会大众的监督作用，抵制社会养老保险基金筹资过程中出现的失信行为，促进社会养老保险筹资诚信意识的提升；最后，强化个人、企业、地方政府自身的诚信意识建设，使其自觉遵守社会养老保险制度契约精神。

第四节　社会医疗保险基金风险及控制策略

随着我国社会医疗保险（以下简称"医保"）参保人员结构的变化及保险覆盖范围的增加，医保基金在运行过程中出现了诸多风险与弊端，进而严重影响到了医保制度的健康运行与良性发展。鉴于此，本节结合现行医保基金存在的主要问题，针对性地提出了几点控制策略，以期为一线工作提供理论指导。

在建立和完善医保体制的全过程中，医保基金的正常运行是重中之重，直接关系到医疗卫生事业的健康发展。但当前我国医保基金运作过程中出现了老龄化风险、基金结余率风险、道德风险等问题，严重制约了医保制度的健康、和谐运行，亟待予以改进和完善。

一、现行医保基金存在的主要问题

（一）老龄化风险问题

随着人口老龄化时代的到来，我国医保参保人群中的退休人员比重进一步增加，进而导致统筹基金过度增长，无形中增加了该类基金的支出风险。另外，老年人群属于医保消费的重要对象，该类人群比重不断上升，对基金支付能力提出了严峻挑战。随着基金赡养系数的不断增加，医疗费用开支猛增，但基金供给能力削弱，无形之中增加了隐性债务问题。

（二）基金结余率问题

基金结余率直接反映了医保基金的具体支撑能力，是基金运行风险的重要指标。医疗费用支出则是目前影响结余率的重要因素，随着近年医疗费用支出的不断攀升，基金结余率风险显著上升。

（三）道德风险问题

在医保制度深化改革的今天，医患道德风险成为人们关注的重点问题。在经济利益的驱使下，部分医院、药店会套改服务项目、降低收治标准、提高各项费用，指引参保人群不合理诊疗，部分参保人员也会通过各种手段骗取医保基金。道德风险问题的存在，势必会增加基金的不科学支出比例。

中央政府与地方政府的财政供款比例,要避免下级政府依赖上级政府、地方政府依赖中央政府,无财政支持的现象出现。最后,要加大中央政府和地方政府对社会养老保险制度的财政支持力度,确保社会养老保险基金安全运营。地方政府应该改变以经济增长为中心的政绩观,把对民生的财政投入放在首位,确保公民的基本生存安全,加大对社会养老保险制度的财政支持,实现社会养老保险制度的可持续发展。

(四)提升个人、企业、地方政府在社会养老保险缴费中的诚信意识

社会养老保险制度,实质上是个人、企业(单位)、政府三者之间共同签订的契约,在契约执行过程中需要参与主体遵循诚信意识,否则社会养老保险制度的可持续发展必将受到破坏。在社会养老保险筹资过程中,个人、企业(单位)、地方政府从即期利益出发,违背社会养老保险契约精神,孕育社会养老保险基金筹资风险,威胁着社会养老保险基金的运营安全。首先,由于一些诚信意识较差,在社会养老保险基金筹资过程中利用信息不对称而少缴费、多领取社会养老保险金,影响社会养老保险基金的财务收支平衡。其次,由于缺乏诚信意识,一些企业在社会养老保险筹资中故意隐瞒工资总额、职工人数等,导致社会养老保险基金筹资金额不足。最后,由于诚信意识的不足,一些地方政府刻意减少养老保险财政支出,甚至出现挪用、挥霍社会养老保险基金等现象,严重影响着社会养老保险基金的财务安全。因此,在社会养老保险基金筹资过程中,应不断提升个人、企业(单位)、地方政府在社会养老保险缴费中的诚信意识,减少社会养老保险基金筹资的道德风险和逆向选择行为。

个人、企业(单位)、地方政府在社会养老保险缴费中有无诚信意识关系到社会养老保险资金来源稳定与否,制约着社会养老保险制度改革的成败,政府和社会应重视诚信体系的建设,倡导诚信意识,惩罚失信行为,保证社会养老保险基金筹资顺利进行。

诚信意识的提升可以从以下几个方面着手:首先,强化法律对社会养老保险基金筹资诚信体系建设的支持,严惩社会养老保险基金筹资过程中出现的违反诚信行为,让社会养老保险基金筹资过程中的失信者付出较大的成本,使诚信体系走向法制化的轨道;其次,建立社会养老保险基金筹资的信息公开制度,对违反诚信的行为予以披露,通过社会养老保险基金筹资信息的公开,更好地发挥社会大众的监督作用,抵制社会养老保险基金筹资过程中出现的失信行为,促进社会养老保险筹资诚信意识的提升;最后,强化个人、企业、地方政府自身的诚信意识建设,使其自觉遵守社会养老保险制度契约精神。

第四节　社会医疗保险基金风险及控制策略

随着我国社会医疗保险（以下简称"医保"）参保人员结构的变化及保险覆盖范围的增加，医保基金在运行过程中出现了诸多风险与弊端，进而严重影响到了医保制度的健康运行与良性发展。鉴于此，本节结合现行医保基金存在的主要问题，针对性地提出了几点控制策略，以期为一线工作提供理论指导。

在建立和完善医保体制的全过程中，医保基金的正常运行是重中之重，直接关系到医疗卫生事业的健康发展。但当前我国医保基金运作过程中出现了老龄化风险、基金结余率风险、道德风险等问题，严重制约了医保制度的健康、和谐运行，亟待予以改进和完善。

一、现行医保基金存在的主要问题

（一）老龄化风险问题

随着人口老龄化时代的到来，我国医保参保人群中的退休人员比重进一步增加，进而导致统筹基金过度增长，无形中增加了该类基金的支出风险。另外，老年人群属于医保消费的重要对象，该类人群比重不断上升，对基金支付能力提出了严峻挑战。随着基金赡养系数的不断增加，医疗费用开支猛增，但基金供给能力削弱，无形之中增加了隐性债务问题。

（二）基金结余率问题

基金结余率直接反映了医保基金的具体支撑能力，是基金运行风险的重要指标。医疗费用支出则是目前影响结余率的重要因素，随着近年医疗费用支出的不断攀升，基金结余率风险显著上升。

（三）道德风险问题

在医保制度深化改革的今天，医患道德风险成为人们关注的重点问题。在经济利益的驱使下，部分医院、药店会套改服务项目、降低收治标准、提高各项费用，指引参保人群不合理诊疗，部分参保人员也会通过各种手段骗取医保基金。道德风险问题的存在，势必会增加基金的不科学支出比例。

二、医保基金风险预警机制的原则

（一）全面性

建立医保基金预警机制应本着全面性原则，紧抓事物主要矛盾。医保涉及面广、系统复杂，要想全面反映基金整体运行状况，必须抓住共同问题、规律性问题，兼顾内部因素、外部因素，在此基础上建立微观财务目标与宏观经济指标，从而有效发挥预警机制的重要作用。

（二）可操作性

预警指标的设定必须坚持可操作性原则，在医保具体工作中出发，选择易于量化、明确、具体的指标，尽量不用或少用定性指标。

（三）动态性与客观性

基金预警是为了分析、预测基金运行风险，保证收支平衡。风险预警是一项长期性、常态化工作，因此，建立医保基金风险预警机制必须遵守动态性原则与客观性原则，根据医保基金的实际运作情况做动态调整，进而全面、客观地反映医保基金的运作情况。

三、医保基金风险的控制策略

（一）建立财务预警指标

要积极建立完善的预警指标体系与预警制度，从而有效分析基金运行情况。综合基金运行状态、日常工作指标，通过科学手法，建立以人均费用、报销比例、结余率等为基础的指标体系，并通过表格、曲线对比方式，准确、全面掌握基金运作情况。与此同时，要完善基金征缴机制，强化稽查工作与征缴工作，促进基金支付水平的提升。另外，还应综合基金收支客观情况，合理分析预警指标与财务指标，更好地预测将来基金的运作走势，及时发现问题、针对性解决，为领导决策提供保险基金运作的翔实、可靠信息。

（二）强化医疗保险服务

医保经办机构的管理能力直接决定着医保制度的健康运行。在医疗体制深化发展的今天，必须强化医保服务职能，加强医保经办机构建设力度。首先，应提高领导阶层对医保基金合理运行重要性的认识。只有得到了领导重视，才能保证各项工作在人力、物力、资金等各项资源上的投入力度。其次，必须积极推动医保经办机构"规范化"建设，使各项工作的开展有坚实的阵地支持，并加强人员队伍建设力度,打造一支综合素质高的群众医保队伍。再次,加大医保经办部门信息化建设力度,更好地发挥数据收集、数据交流、数据预警功效,充分利用高新科学技术提高机构工作效能与服务水平。最后,随着医保参保人群的不断增加,应全面提升社会保险管理服务效能,完善就医导向,充分利用多种卫生资源,更好地指引人们合理就医,进而有效控制不合理支出比例,全面提升基金有效使用率。同时积极引入竞争机制,实施医药两条线管理,以遏制医疗腐败问题。此外,在基金运作过程中,还应充分利用独立核算、医药分离手段,完善药品流通体制,从而彻底打破传统医药不分的局面。

(三)加强医疗行为监管

全面加强医疗行为监管,对医疗行为的不同环节、各个重点进行全面监控,及时分析并跟踪大型检查费、大病住院费、门特费用、一次性耗材费等医保重点支出项目。引入医保专家审查制度,对高额医疗费、指标标准、过度医疗、推诿病例等问题进行定期集体审核,若审核不通过,应扣除不合理费用。与此同时,建立健全完善的网络服务体系,加强信息化监管。各级部门应充分发挥网络传输优势,对定点机构、医保行为进行实时监控并充分利用信息化技术与信息管理系统,动态监控基金运作情况,以尽可能降低基金诈骗行为的发生概率。

(四)加强宣传与引导

首先,应加强医保体制的宣传,尤其应注重广大农村地区的普及工作,通过广播、电视、挂图等方式将社会保险医疗宣传工作深入农村,全面增强人民群众的保险意识,提高人民群众对保险制度的理解与认识,正确指引患者结合各种客观因素合理选择就医单位。通过这种方式,一方面能有效控制医疗费用,另一方面能扩大基层医疗需求,充分利用各种医疗资源。其次,相关部门应加强联系,如经办机构应与卫生部门、物价部门、药监部门等不同部门联合,积极组成统一的监督战线,严格执法,加强对医疗行为、药品应用行为的监管,并充分利用广播、电视等新闻媒体的导向作用,全面提高保险基金运作质量。此外,还要完善社会监督激励体制,可通过聘请社会监督员、实施违规举报奖励制度等方式,充分调动社会力量,还可以通过实地监控联合网络监控、专家监控联合社会监督、年终考核联合日常考核等方式,加强对医疗定点单位的监督力度,优化医保社会监督环境。

（五）完善医保诚信体系

完善医保诚信机制，能有效提高参保服务管理水平与保险服务质量。新形势下，必须对医疗定点服务机构、医疗服务工作人员建立诚信档案，制定诚信评价标准。通过诚信档案的实施，有效规范合理就医行为，加强对医疗人员、医疗单位的监管。另外，还应积极出台医保基金运行规范，通过内部约束体制，更好地提升风险防范质量，规避基金运行风险。

综上所述，医保基金在运作过程中必然存在多种问题与风险，只有充分利用风险管理理论，针对风险实际提出可行的管理控制策略，才能保障基金的平稳运行与医保事业的和谐发展。

第五节 社会养老保险基金支付风险及对策

经济水平的发展促进了我国社会保障的完善，养老保险也逐渐成为众人关心的话题。养老保险不仅关系着社会发展的稳定，还关系着我国社会保险体系的完善。但近年来，养老保险的基金支付风险逐年上升，未来基金缺口增大，养老保险面临着严峻的挑战。因此，从科学防范养老保险风险、严格把关养老基金支出、完善基金支付方法等多方面入手，降低养老保险基金支付风险，完善养老保险基金风险防范机制。

近年来，人口老龄化程度不断加深，人们对养老保险的重视程度也在逐年攀升。虽然我国一直在完善社会保障体系，但养老保险作为其中的重要内容仍然存在着一些问题。当前养老保险基金存在收不抵支的风险，为养老保险的正常运行带来了一定的隐患。

一、养老保险基金运行现状

人口老龄化的到来，使得养老保险的重要程度越来越高。我国近年来的养老保险抚养比例逐年下降，至 2018 年末已经下降到了约为 2.8∶1，且依然存在进一步下降的趋势，加上我国现在养老基金收不抵支的严重形势，养老保险的支付压力越来越重。为了更好地应对养老基金支付方面的风险，切实为广大人民群众提供利益保障，首先必须要立足当前的实际情况对养老保险的支付风险进行分析和总结。

（一）在缴纳基本养老保险时存在一定的问题

在基本养老保险基金征缴工作中，有的地方对养老保险政策执行不到位，应收不收，应保不保，并且一部分参保单位为减轻缴费压力，在申报缴纳社会保险费时，瞒报、漏报职工实际工资，以最低社会平均工资为基数申报社会保险，少缴社会保险费，降低了参保人员养老保险对应的权益，对养老保险基金征缴工作带来了不利的影响，进一步加重了养老保险基金支付方面的风险。

（二）相关政策不够细致

在需要利用养老保险基金时，没有相关的政策细致到各个利用方面。国家在养老保险保值增值方面虽然已积极采取了一定的措施，例如，社会保险基金参股入股上市公司，在保证基金安全的前提下使其增值保值，以及划转上市国有公司股权补充社会保险基金等，但是力度仍然不够，所以养老保险基金保值增值难度很大，抵抗风险能力有待提高。我国目前实行的养老保险制度还不够完善，因此才会出现空账等问题，需要深化改革养老保险制度，出台相应的细致全面法律法规。

二、养老保险基金支付存在风险的主要原因

（一）持续老龄化带来的资金压力

我国老龄化程度不断加深，老龄化速度甚至比发达国家还要快，造成了养老保险基金收入增幅明显低于基金支出增幅，养老保险基金的收支矛盾更加凸显。《中国养老金精算报告2019—2050》称，仅从制度赡养率上看（不考虑人均待遇的提高），城镇企业职工基本养老保险支付压力在不断提升，2019年由接近2个缴费者来赡养1个离退休者，预测未来30年我国的制度赡养率翻倍，到了2050年则几乎是1个缴费者需要赡养1个离退休者。我国政府坚持以人为本的思想观念，对各级老龄化人口均有财政补贴，2019年中央财政对基本养老保险的补贴支出攀升到522亿元。根据目前全国基本养老基金的运行情况，在较长的一段时期内，财政补贴的压力还会继续增大，而且会逐年增大，我国对老龄化人口的财政补贴力度也迅速增长，但仍然无法解决持续老龄化所带来的养老金支付压力。

（二）收支结构区域失衡

养老基金的支付风险不断增加。虽然从总体上来算，我国基本养老基金仍然有结余，但从局部地方上来看，支付风险仍然有扩大趋势，且不同区域之间存在较大的差异性，需求和供求之间存在结构性失衡，加重了养老基金的支付风险。

（三）养老待遇逐年走高，支付压力逐渐扩大

从2005年至2019年，企业职工基本养老金已经实现15连涨，养老金增加，退休人员的收入增加，大大增加了养老基金的支出，毫无意外地增加了养老保险基金的支付压力。

（四）冒领养老基金行为依然存在

由于经办机构无法实时掌握参保人员的生存状况，领取待遇的参保人员（家属）未及时通知经办机构或故意隐瞒参保人员死亡、服刑等信息，存在重复领取、死亡冒领和在押服刑人员领取养老金现象，造成基金流失。

三、如何防范养老基金支付风险

（一）实现养老保险全国统筹

我国现在的养老基金属于结构性失衡，为了解决这一难题，可以促进养老保险进行全国统筹，平衡各大地区的养老基金。就目前情况而言，经济发达的地区养老基金一般都有结余，而欠发达地区和老工业基地省份养老基金已经收不抵支，需要中央财政转移支付才能够维持下去。实现养老保险全国统筹，平衡养老保险地区之间的差距，要全面落实企业职工养老保险中央调剂制度，协调各大省份按时足额发放养老金，最大程度上发挥养老金的统筹调剂制度互补作用。

（二）对养老保险扩面征缴

做好养老保险扩面征缴，提高对缴费基数申报工作的重视程度，对缴费单位的实际情况进行有效稽核，一旦发现情况不明、信息不实，应根据相应的法律法规给予惩处，对养老保险的征缴及利用实行全方位的审核和监督。广泛宣传城镇企业职工参加社会保险的必要性和实效性，切实提高人民群众参加社会保险的积极性，进一步扩大参保覆盖面，积极推进税务征缴社会保险基金制度改革，实现应保尽保、应收尽收。

（三）提高养老保险的参保质量

对于我国而言，解决当前养老保险问题的最快的方法就是增加养老金的收入，可以通过提高全国养老保险的缴费比例，来快速达到增加养老金收入的目的。当然这种方法并不适合我国当前的国情，我国养老保险的缴费率已经居高不下，如果再提高缴费比例，无异于增加了企业和个人的经济负担，不利于社

会稳定，也不利于经济长远发展。目前，我国城镇职工养老保险费已降低，之前单位缴费比例高于16%的省份，可将缴费比例降至16%。与其提高缴费比例，不如加大对现有养老保险的征缴力度，鼓励引导断保者参保，引导参保者延长缴费年限，实现长缴多得，提高养老保险的参保质量。

（四）强化网络技术在经办服务中的作用

充分利用信息网络技术，加强社会保险管理信息共享平台建设，促进人社、财政、税务、卫计、工商、民政、公安、教育、司法、交通等部门信息互联互通，通过信息共享平台及时掌握参保人员生存信息，从源头上有效控制社会保险基金"跑冒漏滴"现象发生。全面推进"互联网＋社保"经办服务模式，充分利用手机APP及微信公众号在社会保险待遇领取资格认证工作中的优势，打造"智慧社保、效率社保"，提升经办服务效能。

（五）严格控制养老基金的支出

经办审批机构必须严格执行国家关于退休年龄的规定，坚决制止违反规定提前退休的行为：①严格执行特殊工种提前退休的规则，不得擅自扩大执行特殊工种提前退休的范围、对象。加强对办理病退休人员的病况检查的监督管理。②严格执行国家和省所确定的特殊工种目录，对原确定的特殊工种目录，随着科技进步、生产设备工艺及劳动条件和环境发生变化，已不具备特殊工种条件的，应不再作为提前退休特殊工种岗位执行。③统一规范特殊工种职工提前退休审批程序、健全审批制度。各经办机构根据企业上报材料，对职工从事特殊工种名称、从事时间、公示结果、本人档案记载等情况进行认真核对，提出初审意见，并附有关材料，报市人社行政部门审批。

养老保险基金现在存在的风险，并不是一时形成的，有历史原因，也有社会原因，在追寻原因的同时，要针对其现存的收支缺口、支付风险等问题做出相应的改革，使养老金的利用更加惠及众生。

第六节 社会养老保险基金风险预警体系建设

在超快速步入老龄化阶段的中国，大规模未富先老群体的存在，对养老保障制度的设计及运行提出了巨大的挑战，而基金的安全是养老保险制度能否顺利运行的关键因素。养老保险基金风险管理中的风险预警是重要的环节之一，确立养老保险基金风险预警的内容、建立风险预警机制、明确风险预警要素、构建科学有效的风险预警体系对保证中国养老保险体系的健康发展、可持续发展,起着至关重要的作用。

养老金被称为老百姓的"养命钱",当人们退休丧失劳动能力后,养老金是维持基本生活的重要保证。目前,中国已迅速进入老龄化阶段,大规模未富先老且缺乏保障的农村人口进入老龄化阶段,加大了中国应对人口老龄化的难度。所以,养老保险基金一旦出现危机,轻则影响人们日常生活水平,重则可能引发社会骚乱,危害社会稳定。

一、风险预警体系的职能及主要内容

(一)风险预警体系的职能

风险预警的内容与风险预警需要实现的职能息息相关,养老保险基金风险预警主要有三大职能:预报职能、矫正职能、免疫职能。

①预报职能要求对养老保险基金的运营、管理活动进行监测、识别、分析、判断,通过对养老保险基金管理中某些情况可能引发的风险后果和承受风险的额度进行评估,发出风险预报。

②矫正职能属于主动性预防控制,主要是及时纠正养老保险基金运行过程中因结构、机制、行为甚至外部环境变化等造成的过失和错误,保障在纷繁复杂的社会环境、经济环境下实现养老保险基金安全性与保值增值的均衡。

③免疫职能是指经过一次或多次风险预警过程之后所积累的经验、教训,能对以后养老基金运营管理中遇到的同类型、同性质的风险与危机演化过程进行成功预测和迅速识别。

在养老保险基金风险预警机制构建中应该以预报为导向,以矫正为手段,以免疫为目的。

(二)风险预警体系的内容

风险预警体系的内容主要包括确定风险预警的目标、感知和评估风险、对风险提出预警、对风险的处置。

1. 确定风险预警的目标

养老保险基金风险预警的目标是保证老百姓"养命钱"的安全性、增值性、稳定性。养老保险基金风险预警的作用是通过对风险的实时监控和准确判断,保证养老保险基金能在规避风险或者将风险控制在较小范围的情况下,同样达到利益的最大化。也就是说,既要保证养老保险基金的安全、稳定,又要保证其快速增值。

2. 感知和评估风险

对风险的评估是风险管理技术的基础，是风险预警的前提。通过采用精算、数量统计等方法，对养老保险基金的相关数据和信息进行计算，对风险发生的概率、损失程度进行精确估算。风险评估是对风险进行定量的描述，是对风险认识的深度分析。风险评估在养老保险基金风险预警体系中起到承上启下的作用，它一方面是风险预警的基础，另一方面又是风险管理的依据。

3. 对风险提出预警

风险预警是指在风险评估的基础上，对养老保险基金所面对的风险进行基于客观事实和科学推断的表述，形成风险预警报告。对养老保险基金进行风险预警是指在对养老保险基金的风险信息进行采集、处理、评估以后，对养老保险基金所面对的风险有一个准确的判断。具体而言，养老保险基金风险预警主要包括以下几个预警要素：警情、警源、警兆、警度、警区、警点。

4. 对风险的处置

养老保险基金风险处置环节直接作用于其运营管理中，因此风险处置环节是养老保险基金风险预警体系中最核心的考量环节，直接决定了风险预警体系是否有效。对养老保险基金的风险处置是根据风险预警报告做出的，其目的是避免或者最大限度地消除基金风险。中国目前对养老保险基金风险预警所采取的措施一般有改变投资产品组合方式；加大财政对养老保险基金的投入力度，逐渐做实养老保险个人账户；扩大保险覆盖范围；完善筹资渠道，加强基金监管；等等。

二、风险预警体系的构建

（一）风险预警运行机制设计

作为国家养老保险基金管理制度的重要组成部分之一，养老保险基金预警系统的运行包括以下几个方面的内容。其一是风险信息搜集系统，其功能是对基金管理运营中可能存在隐患的方面全面监控，捕捉其中可能存在的风险警兆。其二是风险信息预警条件系统，主要是通过以往的经验和理性分析，设置一些需要引起重视、可能需要预警的条件。其三是警情评估及分析系统，主要对收集到的符合预警条件的风险信息进行分析评估，划分出不同的警戒等级，形成预报报告。其四是预报信号传递系统，主要是保证预报报告能及时地递交给相关风险管理决策部门。其五是风险预警处理系统，这个系统主要是针对预报报告采取防范措施，避免经济损失甚至更为严重的公共危机事件出现。其六是预警反馈系统，主要是将风险预警管理过程中的经验、教训等信息反馈给风险预警中心，以利于在以后的风险信息预警条件设置、警情分析评估中加以改进。

值得注意的是，以上所说的流程是一般情况下的运行过程，养老保险基金风险预警管理面临着复杂多变的情况，而风险预警过程也往往并不是单次单向的活动，有时候甚至是多次预警活动与管理活动同时进行。

（二）风险预警要素设计

结合中国养老保险基金的特点，将养老保险基金的风险预警要素分为收支风险、投资风险、操作风险、道德风险四个类别。

1. 收支风险

养老保险基金的收支风险是指养老保险基金由于筹资渠道、筹资面等因素造成的筹资基金少于需要支付的资金，也就是常说的收不抵支的状况。养老保险基金收支风险由筹集风险和给付风险两部分组成。由于中国人口老龄化现象越来越严重，加之近年来通货膨胀等因素的影响，养老保险基金收支状况面临严峻考验。

2. 投资风险

养老保险基金的投资风险是指养老保险基金投资运营未来收益的一种不确定性，即在养老保险基金投资中可能会遭受基金收益和本金损失的风险。根据我国现阶段养老保险基金投资运营的相关规定，中国社会保险基金允许投资的领域主要包括银行存款、债券、信托投资、资产证券化产品、股票、证券投资基金、金融衍生工具投资及境外投资等。养老保险基金的投资风险一般说来包括三个方面：一是市场风险，二是信用风险，三是流动性风险。

3. 操作风险

养老保险基金的操作风险是一种随处可见但又难以结构化的风险，在养老保险基金的风险管理中，操作风险是不可避免的。产生养老保险基金操作风险的原因有很多，大体可归纳为三类：一是人为因素引起，如由于员工主观或者客观疏忽失误引起，或由于员工业务技能不熟练引起，等等；二是由于流程制度存在漏洞或者可操作性差等原因引起；三是技术系统因素引起的操作风险，如软件漏洞、网络故障等导致养老保险基金交易安全出现问题。

4. 道德风险

养老保险的道德风险也是不可避免的，因为人大多有自利心理和投机心理。

参保者方面的"参保者个人冒领养老金""参保企业和个人联合造假形成不规范的提前退休""参保企业拖欠逃缴养老金",政府及其所属的管理机构方面的"挪用或挤占养老保险基金""对养老保险基金的管理条例和规章制度执行不力监管不力"等,都属于养老保险基金的道德风险。

(三)风险预警体系构建

结合前面分析的养老保险基金风险预警要素,构建中国养老保险基金风险预警体系的具体内容包括以下几点。

1. 分析风险的内涵

只有明确各种风险的内涵,深刻认识该种风险,才能有的放矢,进行预警和防范。分析养老保险基金各种风险的内涵包括明确造成该风险的原因、该风险的特点,以及该风险在中国养老保险基金运行中的表现。

2. 预测风险

对风险进行准确预测,是风险预警的基础。不同的风险,结合其自身的特点,有不同的预测方法。养老保险基金风险的预测主要运用数理、金融、计量等方法,对风险进行量化考察。

3. 建立风险预警指标体系

通过对养老保险基金性质、来源、运营各环节的分析,结合基金风险的内涵,建立风险预警指标体系。

4. 建立风险预警模型

养老保险基金风险预警模型结合数理、精算、金融等数量方法,对风险预警指标进行研究。

5. 建立风险预警机制

养老保险基金风险预警机制是指在风险预警体系之外,通过风险预警技术软件的支持、风险预警政策的制定等外部环境的配合所建立的机制。

三、养老保险基金风险预警管理的政策建议

(一)增强风险预警意识

风险预警是风险管理过程中的关键环节,风险预警意识对于风险管理具有重要的作用。风险预警意识不仅仅是一种意识,更是一种能力,在养老保险基金的运营者、管理者乃至普通参保者中,都需要刻意去培养这种意识和能力,这是风险管理得以成功进行的思想前提。

1. 提高管理机构的风险预警意识

养老保险基金的风险预警管理机构也就是养老保险基金的管理机构。养老保险基金风险与其他的风险不一样，由于养老保险基金的特殊性，其安全与否与人民的生活息息相关。因此，养老保险基金风险要引起政府及养老保险管理机构的高度重视，这不仅是一个经济问题，也直接关系到社会稳定。

对于政府和养老保险基金管理机构来说，风险预警的重点侧重于养老保险基金的制度层面。从养老保险基金的道德风险和操作风险来说，风险预警管理机构的重点是制定合理、规范的风险预警和防范制度，避免不法分子有机可乘。从养老保险基金收支风险和投资风险来说，风险预警管理机构的重点是制定科学的风险预警指标体系、监控风险指标，在经济环境、社会环境发生变化时合理调整养老保险基金的投资、收支政策。

2. 提高养老保险基金经办机构的风险预警意识

对于养老保险基金经办机构来说，一方面要加强对员工的风险预警教育，要经常在员工中开展风险预警方面的教育讲座。另一方面要将风险预警教育内化在员工的日常工作中，内化在员工的操作规程中。比如，通过编制"员工操作守则""风险预警几要几不要"等，潜移默化地培养员工的风险预警意识。

对于养老保险基金经办机构来说，养老保险基金风险预警的重点侧重于操作风险和道德风险层面。近年来屡屡发生的养老保险基金违规操作案件，都是养老保险基金经办机构的员工在道德方面和操作技术上出现了问题，从而导致养老保险基金遭受损失。对于养老保险基金经办机构来说，养老保险基金道德风险预警的重点在于加强员工的思想道德教育；养老保险基金操作风险的预警重点包括提高经办人员的操作能力、设计科学合理的操作流程及采用先进的信息管理系统。

（二）建立风险预警管理机构

建立风险预警管理机构是为了将养老保险风险预警中承担不同职责的各个部分统筹协调起来，使其能快速、高效地运转。养老保险基金风险预警管理的组织机构一般分为决策层、管理层和执行层三个层次。在养老保险基金风险预警管理中，决策层负责所有重要的风险预警管理的决策，也对整个基金风险管理的成败负最大的责任。对于养老保险基金来说，可成立专门的风险管理委员会作为决策机构。风险预警管理部门由具备风险鉴别、警兆分析、警情评估等专业能力的人员组成，负责实施、管理和监督养老保险基金管理中各项风险决策。风险预警管理部门通过执行部门提交捕捉的警兆进行分析，调研养老保险基金的运行环境，形成预警报告提交给风险决策部门，是连接风险预警决策层和执行层的桥梁，是风险预警管理的中坚力量。风险预警执行部门的职责是捕捉警兆，并及时将警兆向风险管理层报告，对可能存在风险隐患的基层业务部门进行全面的监控和检查。一旦风险管理层和决策层做出风险预警处理决策，执行部门要迅速执行，同时收集措施效果和经验，向管理层、决策层进行反馈。

（三）加强风险预警技术研发

风险预警技术研发主要包括建立科学的预警指标体系、研发有效的金融风险预警技术工具、建立风险预警数据库三个方面。

养老保险基金风险预警指标体系的科学与否直接决定了风险预警的效果，是养老保险基金风险预警的基础。养老保险基金风险预警指标体系是一个整体的体系，应遵循"科学性、综合性、灵敏性、动态性、层次性、独立性、可操作性"的原则，各指标之间无相关性，要尽量减少重叠的区域。

养老保险基金风险预警是通过各种金融风险预警技术工具来实现的。风险预警的技术工具涉及风险评估技术、风险预警标准、预警方法及信号、风险处理技术、预警软件开发等。目前，对养老保险基金预警技术工具的开发还未引起相关部门的重视。无论是养老保险基金风险评估技术、风险预警标准还是预警方法和信号、风险处理技术，都没有相应的标准。对养老保险基金风险预警技术工具的开发，在思想上，应该引起养老保险基金风险管理机构和养老保险基金研究者的关注；在技术上，虽然国内外并没有形成相关标准，但是可以结合养老保险基金的实际特点，运用发展较为成熟的金融风险预警技术工具进行实践。

养老保险基金风险数据库的建立是量化养老保险基金运行风险的前提和基础，有助于研究者在过去的指标中，寻找规律，构建预警模型，设置风险预警警戒线。养老保险基金风险数据库的主要功能包括：对养老保险基金运行数据进行收集、筛选、整理，对养老保险基金运行的现状做一个定量的描述；建立养老保险基金运行风险量化衡量体系，并对量化结果进行分析；提供一个养老保险基金运行风险管理者、研究专家、决策者交流的平台。

第七节　基层社会保险经办风险及应对策略

社会保险经办风险客观存在于经办管理服务活动中，涉及广大参保对象的利益和基金安全。县级经办机构由于人员供需矛盾，使得经办风险加大，急需采取措施应对，把风险降至最低，以维护参保对象的利益，保障社会保险基金安全。

近年来社会经济发展迅速，社会保障制度不断完善，基本实现了社会保险人群全覆盖。社会保险覆盖面广、时间跨度大、历史遗留问题多、政策复杂，使得经办难度大大增加，在经办风险的管理方面暴露出了不少的问题，尽管社会保险管理部门已经建立了相对完善的风险防控体系，采用不少信息技术手段，但仍有多个地方发生社会保险基金案件，造成基金损失。因此，仍须进一步加强对基层社会保险经办机构的管理，增强制度约束力和监督控制机制，创新和完善基层社会保险经办机构的服务模式和管理方式。

一、社会保险经办风险

社会保险经办风险是指社会保险经办机构因机构管理、机构软硬件技术条件、工作人员专业水平、业务能力、外部环境等因素，导致经办机构管理的参保人的相关权益信息等数据安全性受到损害，使其真实性和准确性降低，最终使得社会保险经办结果与预期相差甚远，进而造成社会保险基金损失。

（一）社会保险经办风险的类别

1. 按成因可分为内部因素造成风险和外部因素造成风险

内部因素造成风险包括内部人员欺诈行为引发的道德风险；工作人员业务能力有限、失误操作、违规操作引发的人员风险；业务流程设计缺陷或执行不到位引发的流程控制风险；信息系统程序漏洞、维护不力，以及技术控制执行不到位引发的技术风险；内部稽核制度不完善、业务缺乏有效监督从而引发的监督风险；法规政策原因引发的风险等。

外部因素造成风险主要是由于外部人员（包括用人单位）的不良行为、恶意欺诈和恶意诉讼引发的外部欺诈风险及外部政策法规风险。

2. 按内容可分为人员风险、管理制度风险、技术风险和政策法规风险

人员风险包括外部人员风险和内部人员风险。外部人员风险主要是外部人员的不良行为、恶意欺诈和恶意诉讼等道德风险；内部人员风险是指内部人员

职业操守缺失滋生欺诈行为引发的道德风险；内部人员业务能力有限、政策水平不高、工作经验不足引发的操作失误、违规操作风险。

管理制度风险是指业务运行制度、内部审计制度、风险防控制度、廉政监督制度等内部管理制度落实不到位或制度设计缺陷等引发的风险。

技术风险主要指社会保险信息系统安全漏洞、维护不力、网络不可靠等原因，在信息系统运行和数据交换过程中导致数据失真，从而引发的风险。

政策法规风险主要有两方面：一是现有政策多，适用情况复杂；二是由于经济迅速发展和社会环境深刻变化，社会保险方面很多政策需要修改完善，以适应形势发展，但是在完善过程中，相关政策制定与出台又比较杂乱，容易造成执行混乱或者违规执行。

（二）社会保险经办风险的特征

社会保险经办风险的特征表现为潜在可能性、客观普遍性、可感知识别和可控性。

潜在可能性是指社会保险经办风险不是现实的危险，只是一种可能的危险，它对经办机构经办结果产生预期偏差而造成基金损失有一个实现的过程，这一过程的长短、是否实现因经办风险因素作用的强度、社会保险经办机构对风险的认识程度而异。没有造成不良后果，并不是说风险不存在，只是停留在潜在阶段而没有转化为现实的风险。

客观普遍性是指社会保险经办风险普遍存在于经办机构经办管理活动中，是一种不可避免的客观存在的现象，它不以人的意志为转移，是独立于人的意识之外的存在。

可感知识别是指社会保险经办风险可通过访问调查、抽样业务流程顺查、抽样业务流程倒查、实证测试重做等方法感知和识别。

可控性是指社会保险经办风险在感知和识别的基础上，通过评估，采取措施，在一定时间和空间范围内改变其发生和存在的条件，从而降低经办风险发生的概率，有效防范和控制风险。

总的来说，社会保险经办风险成因由主体行为造成，内部因素的行为主体为经办机构及其工作人员，可控性强；外部因素的行为主体是参保人员、用工单位等外部相关人员，可控性不强，如果应对方法得当，也可最大限度地降低外因作用效果。

二、县级社会保险经办机构现状

以福建省为例，目前福建省县级经办机构，特别是南平、三明等非沿海地区，县级经办机构人员编制在 7 到 11 名左右，编制人数少。管理方式是地方管理人事、省里管编制经费。人员待遇按地方标准走，地方行政部门喜欢借用经办机构人员。山区条件差，工作压力大，难以留住人才，人员流动快。经办机构内部按业务内容设置养老保险关系科、退休管理科、工伤保险科、财务科、办公室等部门。各业务科按照岗位相互制约原则和业务流程设置经办、审核、复核、审批岗位。内审部门依托于财务科或办公室。信息系统全省统一，已实现人脸识别登录，落实社银直发等技术控制手段，但人员供需矛盾突出，造成风险管理制度难以落实到位，岗位相互制约存在漏洞，容易发生经办风险。

①人员编制少，人员流动快，导致业务水平下降，政策能力降低，应对外部不良行为经验不足，难免发生操作失误，导致经办结果错误或适用政策错误，造成基金流失或纠纷。

②人员编制少，人员流动快，也造成工作人员风险意识不强，相关领导对内部控制制度重视不足，缺乏专职内审工作人员，导致内部控制制度落实不到位，内控制度流于形式，未能起到防范风险的作用。

③内部岗位多，人员编制少，这一矛盾导致不少基层经办机构采取一人多岗或交叉任岗的方式来解决，表面上既解决了岗位多、人员编制少的矛盾，又实现了岗位制约。实际上一人多岗的情况下，岗位制约失效，流程控制落实不到位，易滋生监守自盗行为，产生道德风险。同时轮岗制度无法实施，按业务内容设置内部科（室）无形中固化了人员政策和业务知识，交叉任岗易产生误操作风险。

总的来说，县级社会保险经办风险主要是人员风险和制度落实不到位形成的制度风险。

三、县级社会保险经办机构风险应对策略

一是要建立风险防控体系，二是要把风险防控体系落到实处，各项制度执行到位，才能把风险降到最低。针对福建省县级经办机构现状，重在解决人员供需矛盾，重点做好人员风险和制度风险的防控。

（一）人员风险防控

经办人员的素质和政策水平对经办质量起着决定性的作用，是做好经办工作的基础。如果经办人员的素质和政策水平与其肩负的职能要求不相适应，就

意味着存在经办风险。在经办风险中人员风险所占比重较高，因此防控人员风险尤为重要。

一要稳定和充实人员队伍。改革人事管理体制，由地方管理人事改为省里直管人事，从而有效制约地方行政部门随意借用经办机构人员的行为。在人员待遇上执行省级标准，可在一定程度上对冲山区条件，让考录人员愿意留、留得住。在考录条件上做一定调整，学历放宽至大学专科，尽量招考本地人员，这部分人员留在当地工作意愿更强。要适当录用一些品格好的临时人员，补充编制不足问题。

二要提升人员素质和政策水平。创新人员教育培训的方法与途径，完善社会保险业务和政策培训体系，加大人才培养教育的力度，提高经办人员的综合素质，实现由精通单一业务能力向全能型业务政策能手转变，打破按业务内容设置科（室）无形中固化了的人员政策和业务知识，全面推进社会保险经办能力建设。

三要落实工作责任。社会保险经办机构作为社会保险政策的执行者、业务的承办者，职责重大。经办机构工作人员要牢记自己的工作职责和使命担当，更好地发挥主观能动性和创新创造的精神，把工作职责落到实处。工作人员要努力钻研学习社会保险业务和政策，掌握社会保险经办有关政策和法规，依法依规开展经办服务，用好政策、用活政策，最大限度地保障参保群众的权益和社会保险基金安全。

四要提高人员风险意识。社会保险具有覆盖面广、时间跨度大、历史遗留问题多、政策复杂，涉及参保人员基本权益、基金安全社会关注度高等特点，社会保险经办管理难度大。因此，一定要从思想上、观念上提高经办人员的风险意识，冲破传统思维的束缚，坚持风险导向，才能有效解决和防范风险。

五要加强廉政建设。加强廉政建设是有效防范道德风险的必要措施，是促进经办管理依法依规运行的现实需要，是保护社会保险有关人员的有效措施。廉政建设应坚持"教育为先、预防为主"的方针，强化思想教育，加强反腐倡廉警示教育活动，通过实行任前廉政谈话、签订党风廉政建设责任书等预防措施，强化对经办人员的监督管理，杜绝腐败。

（二）制度风险防控

风险管理与内部控制制度工作重在落实。社会保险经办管理政策复杂，岗位设置多样，既有对外的服务岗位，又有对内的监督、管理岗位，为提高经办管理效率和质量，必须规范经办管理行为，优化组织架构，用制度约束每一个经办管理人员。

一要优化组织架构。改革现有按业务内容设置内部部门的架构，按业务流程设置业务经办科、业务审核科、业务审批科、财务科和内审科。业务复核由财务科承担，内审科承担办公室职责。各科根据业务量设 1~2 个岗位，总岗位量在 10 个以内，较原架构少 5 个以上岗位。这样就有效减小了人员需求，缓解了人员供需矛盾，一人多岗和交叉任岗没有了存在的土壤，岗位制约和流程控制能够落到实处，有效发挥防范经办风险的作用，同时方便轮岗制度的实施。当然，组织架构改革需要配备相应的人才，培养全能人才尤为重要。

二要健全风险管理监督检查制度。开展风险管理专项督查行动，通过督查行动对经办业务的运行进行监督管理，又对风险管理体系进行有效的监督，从而发现问题，及时改进，确保内控制度有效实施。加强信息公开，建立社会保险信息披露制度，实现重大事项公示，接受社会监督。

三要扎实推动各项制度落实。全面梳理业务流程控制制度、基金财务制度、内审控制制度、监督检查制度等管理制度，查找风险点和经办漏洞。把各项制度是否落实到位作为人员考核的重要内容，让压力变成动力，从而自觉执行各项制度，推动各项制度落实到位，从而确保社会保险经办信息的客观、准确和完整，提高经办管理服务质量和效率，提高群众满意度。

第五章 社会保险基金收益性问题

第一节 社会保险基金投资收益的影响因素

社会保险基金是中国养老保险保障制度中的重要内容之一，其收益的稳定性直接影响了中国社会保障效果，所以对社会保险基金的收益进行研究是十分有必要的。自中国社会保险基金成立以来，中国社会保险基金的规模得到了极大提升，但是随着世界经济形势的不断下滑，中国社会保险基金的收益率出现了很大的波动性，为中国社会保险基金收益管理带来了很大的难题，因此对社会保险基金收益的影响因素的研究十分有必要。

社会保险基金是中国重要的社会保障渠道之一，随着中国老龄化程度的不断加深，社会保险基金在中国养老保险等社会保障中发挥的作用也越来越明显，起到了突出的补充和调节的作用。从相关数据可以看出，中国社会保险基金在过去多年中得到了快速的发展，同时使其成为中国社会保障制度的重要的"压舱石"。

一、社会保险基金投资收益存在的问题

1. 投资渠道狭窄

我国在对社会保险基金的投资方面上有严格的控制和要求，国家禁止社会保险基金投资其他经营性事业和其他的金融相关项目。所以目前，我国的社会保险基金主要集中投资一些无风险和低风险的银行存款、政府债券等投资品种，投资的渠道相对来说比较狭窄。

2. 投资规模和收益增长速度不匹配

社会保险基金规模在过去十年间一直保持较好的上升势头。根据相关数据显示，中国社会保险基金规模的增长主要有两个方面的原因：一是政府财政资

金的投资拨款；二是社会保险基金的投资效益不断提升，并且加强了社会保险基金投资的管理能力。所以，投资收益能力不断得到提升，为基金规模的上升提供了支撑。虽然社会保险基金投资规模的增长速度较为稳定，但是投资收益增长却十分不稳定，所以投资规模和收益增长速度不匹配。

3. 社会保险基金投资效益具有波动性

社会保险基金在2005年至2011年的投资收益额出现了很大的波动，并且在2008年还出现了负值，在2011年至2015年，社会保险基金投资额出现了增长，但是增长的幅度和增长的速度都不稳定，这说明目前中国的社会保险基金投资收益存在很大的波动性，造成中国社会保险基金投资收益稳定性不足，影响中国社会保险基金的健康发展。

4. 社会保险基金收益影响因素不稳定

正所谓高风险和高收益并存，因此社会保险基金投资收益管理应该对影响投资风险的因素进行严格把控。目前，其他国家在社会保险基金投资收益的影响因素的研究方面准备得十分充分，并且很好地实现了科学化的收益管理，而在国内对投资收益影响因素的研究则较少，大部分基金投资管理都参考国外的成功经验，国外的基金市场和国内的有着很大的区别，这就造成这种照搬模式的社会保险基金收益管理出现严重的水土不服的现象，这在社会保险基金收益出现大量波动的现象中也体现了出来，所以目前国内关于社会保险基金投资收益影响因素的研究有待进一步提高和加强。

3. 资本市场深度不够

我国政府对社会保险基金资本运作有明确的规定，社会保险基金可以进入股市运营，但是只允许部分比例进入股市，这主要是因为社会保险基金的运营需要遵守安全性、流动性和增值性的原则，而这些原则势必会影响社会保险基金市场程度的深入。从中国社会保险基金资本运作体制可以看出，中国的资本市场深度严重不足，一定程度上影响了社会保险基金规模的发展和收益的稳定性。

4. 社会保险基金规模不够大，资金不充裕

基金的筹集主要来源于各项社会保险费用的征收和各级财政的补助，资金来源不足，规模不够大，而进入资本市场的社会保险基金又受到严格的比例控制，使得最后进入资本市场的社会保险基金很少。社会保险基金对资本市场的影响力就变弱了。

5. 投资渠道少，投资收益率偏低

目前，社会保险基金的投资工具主要是银行存款、购买国债、企业债券和金融债券及证券投资。虽然银行利率有所提高，银行存款的收益比以往有所增加，但投资回报率仍然偏低，无法抵御通胀的压力，购买国债也很难规避通胀的风险。购买企业债券和股票是提高投资收益率的重要途径，但由于股票市场的风险大，无法保证收益的安全性，而银行存款和国债的比例过高则影响了基金的赢利，按《全国社会保障基金投资管理暂行办法》规定，企业债、金融债投资的比例不得高于10%，证券投资基金、股票投资的比例不得高于40%，以2009年为例，社会保险基金中国债的投资比例至少为30%，而其投资回报率无法抵御当年3.09%的通货膨胀率，这是造成2009年社会保险基金真实投资收益率为负值的主要原因。

6. 与社会保险基金投资相关的法制不健全，市场不完善

一方面，未建立统一的社会保险基金投资运营机构，也就不可能对社会保险基金投资的效率性做出科学的预测。另一方面，我国的债券市场规模小，股票市场也亟待规范，要想实现社会保险基金的保值和增值，还需要进一步改善社会保险基金投资的市场环境。

7. 社会保险基金管理不规范，缺乏有力监管

目前我国的社会保险基金监管弱化，缺乏统一的行政监管和社会监管机构，对拨发的财政性资金缺乏全程的跟踪监督。财务管理制度、会计核算制度不健全，使政府对社会保障基金的筹集和使用监控缺乏，资金使用过程中也缺乏安全意识和保值增值意识，挤占和挪用浪费的情况比较严重。以养老保险基金为例，一方面，因为征缴力度不足，基本养老保险的覆盖面逐步扩展到私营企业、个体经济的从业人员和一些灵活就业人员。而片面追求覆盖面以应付眼前的基金支付还会造成基金管理行为的短期化，部分地区出现"优惠征收""打折征收"的现象，给以后的养老保险基金埋下巨大隐患。另一方面，由于我国养老保险基金与财政密不可分的关系，造成一部分养老保险基金流失，表现为基金挪用、隐瞒截留收入、发放福利奖金等非正常支出，这一现象近几年来随着监管力度的加大已有所控制。

二、社会保险基金投资收益的影响因素

中国社会保险基金投资收益变化受到多方面的影响，其中包括资本市场深度不够等重要因素，在这种政策大环境下，要想实现社会保险基金投资收益率

的提高，就需要对影响社会保险基金投资收益的影响因素进行分析。下面将选取证券市场的市盈率、通货膨胀率、经济增长率、社会保险规模、货币供应量作为研究社会保险基金投资收益的影响因素进行分析。

（一）证券市场的市盈率

证券市场的市盈率的高低可以作为评判该证券产品投资价值的标准之一。比如当证券市场的某只股票的市盈率较高的时候，说明投资者对该股票有较高的期待，从而导致投资者产生购买的需求，使得该股票上涨。而当在牛市的时候，整体证券市场的市盈率会有较大的提升，因为投资购买力强，使得大部分股票持续上涨。所以社会保险基金可以趁着市场热情度高涨的时候，持有一些相关的证券，以提高其收益率。

（二）通货膨胀率

在通货膨胀率较高的情况下，相关投资者及公司管理层会对未来前景感到不确定，而且通货膨胀会导致成本上升。同时，在通货膨胀率较高时，政府往往会采取紧缩性的财政政策和货币政策来控制风险，使得市场利率水平升高，让投资者对证券市场投资热情度大幅减少，使得证券市场的股票价值不断贬值，那么社会保险基金所掌握持有的相关股票和证券市场组合产品的收益率也会跟着大幅缩水，使得收益变得不稳定。

（三）经济增长率

经济增长是世界和国家经济形势发展的重要体现，所以经济增长率对投资行为有着重要的影响，目前国外的相关研究表明，当经济形势好的时候，社会保险基金投资收益也会随着增长。国内的社会保险基金收益变化情况也能说明这一情况，如2008年金融危机造成世界经济出现了巨大的波动，而就在当年中国社会保险基金首次出现了亏损，随着经济不断复苏和稳定，社会保险基金的收益能力也不断提高。

（四）社会保险规模

社会保险规模是指社会保险基金的总额情况，社会保险基金的体制也影响着我国社会保险基金规模和公民权益。社会保险规模能够为社会保险投资管理者提供大量的资源支撑，能够为投资产品组合优化和风险防范提供有力的资金支持。

（五）货币供应量

货币供应量由包括中央银行在内的金融机构供应的存款货币和现金货币两部分构成。货币供应量是一个国家经济活动活跃性的重要体现，其实质是体现用于经济活动中的货币总量。当一国为防止经济衰退而实施扩张性货币政策时，中央银行会降低再贴现率、法定存款准备率或在证券市场上大量买进有价证券来增加货币供应，鼓励投资。这种货币指标的预期意义是经济增长的加快和证券价格的提高。

第二节　国有资本经营收益补充社会保险基金

从国有资本经营收益中划转一部分作为国家社会保障储备基金来源是国际通行做法。我国也提出在必要时可以将部分国有资本经营收益划转为社会保险基金。本节着重探讨国有资本经营收益补充全国社会保险基金的必要性和可行性，并提出了相关政策建议。

一、国有资本经营收益补充社会保险基金的必要性

国有资本经营收益包括：国有独资企业按规定上缴国家的利润，国有控股、参股企业取得的国有股股利、股息，国有产权、股权转让收入和国有企业清算收入。国有资本经营收益补充社会保险基金除了有利于直接拓宽社会保险基金融资渠道外，还是稳定消费预期、改善投资结构、促使国有企业履行社会责任的重要推手。

（一）拓宽融资渠道

人口众多，人口老龄化提速，社会保障支出压力大是我国的重要国情。到2030年人口老龄化高峰时期，我国将面临更大的社会保障支出压力。2019年末我国基本养老保险基金累计结存62873亿元。我国应未雨绸缪，积极拓宽社会保险基金融资渠道（现有主要融资渠道包括中央财政预算拨款、国有股减转持、彩票公益金及投资回报）。

国有资本经营收益是国家以所有者身份依法取得的收益，国家作为出资人有权对其经营收益进行分配，用于社会保险等民生项目。鉴于一般公共预算中已安排大量资金用于民生项目，国家可用部分国有资本经营收益补充社会保险基金，弥补未来社会保障资金缺口。

（二）稳定消费预期

我国经济发展方式的一个突出问题是消费长期低迷，而消费不足的重要根源在于社会保障制度不健全。国家从国有资本经营收益中拿出一部分用于补充社会保险基金，有利于完善社会保障制度，稳定居民消费预期，提升消费对经济增长的贡献率。

（三）改善投资结构

长期以来，国有资本存量结构不合理是搞活国有经济的症结所在。国有经济比重过大，国有资产布局分散、战线过长在很大程度上造成了国有企业竞争力不高。按照市场经济体制的要求，国有企业应从相当一部分领域和行业中退出，并集中分布在关系国民经济命脉的重要行业和关键领域。国家将原先用于投资的国有资本收益用于补充社会保障基金，减少对国有经济和国有企业的投资，有利于优化国有资本布局，激励民营投资进入，并进而调整投资结构。

（四）履行社会责任

国有企业归全体人民所有，国有企业的利润属于全体人民，将部分国有资本经营收益用于补充全国社会保障基金，有利于促使国有企业回馈社会，更好地履行社会责任。

二、国有资本经营收益补充社会保险基金的可行性

国有资本经营收益划转社会保险基金符合国务院文件精神，收入来源相对稳定，也有国外经验可供借鉴，但国有资本经营收益实际上能够用于划转社会保险基金的比例不会太高，地方国有资本经营收益补充社会保险基金也有较大的难度。

（一）有利因素

1. 政策上有依据

《国务院关于试行国有资本经营预算的意见》指出，"必要时，可部分用于社会保障等项支出"。这一文件规定，为社会保险基金纳入国有资本经营预算支出范围提供了制度保障。

2. 来源上有保障

国有资本经营收益有稳定的收入来源，并随着国有资本经营收益征收范围的扩大和征缴力度的提升而增加，这对国有资本经营收益补充社会保险基金十分有利。

首先,国有资本经营收益来源相对稳定。由于大部分中央本级企业为国有独资企业,国有资本收益实际上几乎全部来自试行范围内中央企业上缴的税后利润。在中央企业税后利润中,又有80%以上来自超大型中央垄断性企业(2008年度,仅中国石油和中国移动两家公司税后利润就占中央企业税后利润总额的35%)。从2010年中央国有资本经营预算编制情况来看,国家烟草总公司、石油石化、电力、电信、煤炭等垄断性行业企业国有资本经营收益占整个中央企业国有资本经营收益的84%。总之,中央垄断企业数量少、税后利润多,国有资本经营收益征缴相对集中,能够成为社会保险基金融资的稳定渠道。

其次,国有资本经营收益征缴范围有望扩充。中央国有资本经营预算收支目前仅限于在国资委监管中央企业、中国烟草总公司和中国邮政集团公司试行,金融类国有企业、单位未脱钩经济实体尚未纳入试行范围。下一步,财政部门将会同有关部门在总结近年编制中央国有资本经营预算试点经验的基础上,研究进一步扩大试点范围,如将国资委所属的军工企业、转制科研院所企业,以及金融企业和铁路、交通、教育、文化、科技、农业等部委所属中央企业都纳入试点范围。

最后,中央企业税后利润上缴比例有望提高。从2010年中央国有资本经营预算编制情况来看,中央企业税后利润上缴比率不超过6%,总体偏低,提高中央企业税后利润上缴比例已是大势所趋。当然,受国内外经济环境、企业投资等多方面的影响,中央企业税后利润上缴率上升幅度不会太快。

3. 经验上可借鉴

从国有资本经营收益中拿出一部分用作储备基金,用以应对国家社会福利和公共养老福利的支付高峰,是许多转型国家的通行做法。在匈牙利,部分的国有股权转移到一个由工会控制的养老基金中;拉脱维亚共和国在进行了私有化改革之后,将企业5%的股权转移给一个政府的基金;马其顿将私有化企业的10%的股权转给国家级的养老基金,该基金并未对外出售股份,而是从中获取红利;克罗地亚在20世纪90年代初期将社会所有制企业进行私有化后,将33%的股份转移到三家国家级的养老基金中。

即便在市场经济国家,也有将国有资本经营收益用作养老补充储备基金的案例。例如,爱尔兰政府将"爱尔兰电信"私有化收入的70%划拨国家养老储备基金,提前应对2025—2055年间(甚至更久)的社会福利和公共养老福利支付高峰。

（二）不利因素

1. 地方国有资本经营收益补充全国社会保险基金难度大

按照我国的行政管理和财政管理框架要求，中央政府和地方政府应是事权、财权和财力的统一，各自支配所述的财力，不应互相干涉。地方国有资本经费预算收入是地方各级人民政府及其部门、机构履行出资人职责的企业上交的国有资本收益，属于地方所有。而社会保险基金的目的就是弥补全国养老金未来的支付缺口，属于中央预算层面的国家储备基金。把地方国有资本收益纳入中央层面的社会保险基金，相当于中央财政对地方政府进行第二次体制调整，这显然与现行制度设计相悖，在实际操作上也会遇到较大阻力。

2. 国有资本经营收益补充社会保险基金的比例受限

首先，国有资本经营预算性质决定了其支出对象主要是国企业和国有经济。国有资本经营预算与一般公共预算在性质上有很大差别，一般公共预算的支出定位于社会公共性，主要用于民生领域，而国有资本经营预算定位于并强调经营性，支出重点是关系国家经济安全和国计民生的领域，关系国民经济和经济结构调整的领域，以及关系国有企业职工切身利益的领域等。在扣除上述支出后，余下的国有资本经营收益总额已经不多。

其次，国有资本经营收益充实社会保险基金政策并没有实施。《国务院关于试行国有资本经营预算的意见》提到"必要时，可部分用于社会保障等项支出"，但究竟何时为"必要时"，文件本身却并未明确规定。事实上，从2008—2010年国有资本经营收益分配情况来看，国有资本经营收益一直未用来充实社会保险基金。相反，这条规定却为无限期延迟国有资本经营收益补充社会保险基金的决定提供了可能。这样，即便国家将部分国有资本经营收益补充社会保险基金，预计其所占比重也不会过高。

三、国有资本经营收益补充社会保险基金的政策建议

国有资本经营收益补充社会保险基金的总体思路是先易后难，将对象限定在中央本级国有资本经营收益，力争实现零的突破，确保部分国有资本经营收益补充社会保险基金。

（一）国有资本经营收益补充社会保险基金应仅限于中央本级

将地方国有资本收益用于补充社会保险基金与现行的行政和财政管理体制不符，建议国有资本经营收益补充社会保险基金应仅限于中央本级。

（二）国有资本经营预算转出部分划转社会保险基金

2010年中央国有资本金预算安排10亿元转移性资金，用于其他预算项目。对于这类转出部分，建议今后可直接划转社会保障基金账户。

（三）国有资本经营收益的10%用于补充社会保险基金

鉴于过去国有资本经营收益一直没有用于补充社会保险基金，在研究未来年份国有资本经营收益安排时，应充分考虑社会保险基金面临的融资难度，争取将国有资本经营收益纳入社会保险基金融资渠道。当然，国有资本经营收益补充社会保险基金的初始比例要适宜。毕竟，2008—2010年广义上的国家经济安全和经济结构调整（包括项目支出和兼并重组等）支出占中央国有资本经营预算支出的比例高达80%以上。在未来几年内，国家保障经济安全和调整经济结构的任务依然繁重，相关支出呈现出刚性增长特点，很难压缩。除此之外，国有资本经营预算支出还要用于应对自然灾害、支持国有企业发展及其他领域。据此，建议初期只安排10%的国有资本经营收益，用于社会保险基金，并随着未来社会保障压力的增大而逐步提高提取比例。

第三节 全国社会保障基金股票投资策略与收益

在我国人口老龄化进程加快，人口结构失衡，社会保障面临的压力越来越大，全国社会保障基金作为社会保障支出的储备基金面临的保值增值压力也越来越大。

一、全国社会保障基金的概念及投资原则

（一）全国社会保障基金概念

全国社会保障基金是指全国社会保障基金理事会负责管理的由国有股减持划入资金及股权资产、中央财政拨入资金、经国务院批准以其他方式筹集的资金及其投资收益形成的由中央政府集中的社会保障基金。国务院经中共中央的批准，决定建立全国社会保障基金，与此同时，全国社会保障基金理事会也相应成立了。

（二）全国社会保障基金的投资原则

由于全国社会保障基金本身的特殊地位，在全国社会保障基金的投资运行中应该遵循以下基本原则。

1. 安全性原则

安全性原则是指全国社会保障基金在投资运营过程中应确保社会保障基金投资的本金能够及时足额收回。全国社会保障基金的安全性原则是社会保障基金投资必须遵循的一条根本性原则，因此在投资过程中应该严格控制：一是对投资标的进行严格筛选，谨慎挑选；二是对投资额占有全国社会保障基金总额的比例都要进行严格的控制；三是为了降低全国社会保障基金的非系统性风险要分散投资，扩大投资范围。

2. 收益性原则

收益性原则是指在保证全国社会保障基金的资金安全性的前提下，对基金的投资运营能获得一定的收益。为了全国社会保障基金的保值增值，实现全国社会保障基金的收益是全国社会保障基金的投资运营目的。由于通货膨胀等因素长期存在，只有当基金的投资收益率大于通货膨胀率时，基金才真正实现了保值增值。因此仅依靠单纯的银行存款是无法实现保值增值的，必须对其进行有效的投资运作管理。

3. 流动性原则

流动性原则是指全国社会保障基金的投资工具在不发生价值损失的情况下应具有随时变现的能力，可以满足可能随时出现的支付需要。由于全国社会保障基金的特殊性应该进行多元化投资，选择多样工具可以随时保持全国社会保障基金的流动性。

二、全国社会保障基金的主要投资方式

全国社会保障基金的主要投资方式分为两种：一种是由全国社会保障基金理事会进行直接投资；另一种是委托专业的投资机构进行专业投资。

（一）直接投资

直接投资是指全国社会保障基金理事会直接进行投资，包括证券市场的投资和实业投资。直接投资主要包括以下几种方式。

1. 银行存款

银行存款属于一种无风险投资行为，也正是因为这一点，银行存款的收益率也比较低。同时，银行存款具有方式灵活的特点，除了长期的定期存款外，活期可随时存取。

2. 信托贷款

信托贷款是指信托机构在国家规定的范围内，制定信托发行计划，募集资金，通过信托计划募集的信托资金，对自行审定的单位和项目发放的贷款。发放信托贷款也是全国社会保障基金进行直接投资的一种投资方式。

3. 股权投资

股权投资是指通过投资取得被投资单位的股份，股权投资通常是为长期（至少在一年以上）持有一个公司的股票或长期投资一个公司以期控制被投资单位或对被投资单位施加重大影响或为了与被投资单位建立密切关系以分散经营风险。

4. 债券

全国社会保障基金投资的债券主要包括国债和公司债。国债是指由国家政府发行的、由国家财政作担保、收益高于同期银行存款利率的债券，容易变现，因此可视为一种无风险的投资工具。公司债券是公司依照法定程序发行、约定在一定期限内还本付息的有价债券。全国社会保障基金一般只投资于国家重点企业发行的AAAA级公司债券。

5. 不动产投资

不动产是指土地、住宅、厂房等不易变现的财产。对不动产的投资其收益来源主要有两个方面，其一是通过出租不动产获得的租金收入，其二是通过买卖不动产获得的价差收益。因为不动产具有很好的抗通货膨胀能力，所以全国社会保障基金把不动产投资当作一个重要的投资方式。

（二）委托投资

委托投资由全国社会保障基金会委托投资管理人管理运作，主要包括境内外股票、债券、证券投资基金，以及境外用于风险管理的掉期、远期等衍生金融工具等，委托投资资产由全国社会保障基金会选择的托管人托管。

三、全国社会保障基金股票投资的必要性

目前由于全国社会保障基金主要投资于银行存款和国债，如何在保证全国社会保障基金安全性的前提下，通过增加股票投资比例及优化股票投资组合实现全国社会保障基金的增值是一个亟待解决的问题。全国社会保障基金股票投资的必要性体现在以下几个方面。

（一）保值增值

全国社会保障基金优化股票投资是全国社会保障基金保值增值的需要，由于全国社会保障基金的缺口越来越大，其保值增值问题尤其重要。在目前通货膨胀严重的情况下，社会保障基金贬值风险巨大，全国社会保障基金优化股票投资可以有效地对抗通货膨胀，实现保值增值。

（二）支持实体经济

全国社会保障基金进入资本市场，企业利用获得的资金进行投资，从而支持实体经济的发展，推动实体经济的发展。

（三）有助于资本市场的健康发展

全国社会保障基金股票投资可以提振资本市场，目前我国资本市场发展滞后，与资本市场发展要求不相匹配。通过全国社会保障基金增加股票市场投资，可以给资本市场注入大量的资金，提升资本市场主体信心。

四、全国社会保障基金股票投资策略与收益

（一）增加股票投资比例

根据我国《全国社会保障基金投资管理暂行办法》的规定，全国社会保障基金投资于银行存款和国债的比例不得少于50%，投资于股票和证券投资基金的比例不得超过40%，但是在实际投资中股票投资比例一直较低。因此为了提高全国社会保障基金的投资收益，应在保证安全性的前提下增加股票投资比例。

（二）完善风险管理，对冲股票投资风险

全国社会保障基金为了提高收益应增加股票投资比例，而为了降低股票投资风险则应引入量化投资机制，使用各种金融工具对冲股票投资风险，使用各种量化策略，优化股票投资结构。

（三）防范委托代理的道德风险

完善投资管理人的激励机制，提高投资管理人的运营能力，增加投资管理人之间的竞争，尽可能降低股票投资的非系统性风险，完善我国股票市场体系建设，尽最大努力降低系统性风险。

第四节　经济新常态下社会保险基金配置与收益

经济下行带来的投资收益率减少与"资产荒"困扰着资管机构。尤其是低利率带来更严峻的挑战，即便是社会保险基金管理机构，也需要与其他资管机构一样在无风险利率迅速下降的时候拓展更多风险类投资领域。在这种情况下，资产配置与风险对冲显得尤为重要。

目前，中国资产管理市场正在形成，市场管理工具呈现多维度展现的情况。作为资产管理市场中典型的资管机构，2015年社会保险基金投资收益率为15.19%，过去十五年中平均年化收益率高于8.8%，取得了不错的成绩。然而，仅从社会保障的角度来看，很多应该监管的社会保障类资金还在闲置着。

目前社会保险基金管理机构已经做好组织构架、人才储备等方面的准备，积极与相关部门洽谈受托管理地方基础养老金部分结余的相关交易结构与委托办法。未来，随着受托管理资产规模的扩大，社会保险基金新受托的地方基础养老金的投资范围将从存款、国债等拓展到更广泛的投资领域，在提高基础养老金的投资收益的同时，对社会保险基金来讲也将会产生一种新的配置规则和投资需求。

一、经济新常态对资管机构资产配置带来挑战

中国经济进入新常态，社会保险基金管理机构与其他类型的资管机构均面临着投资收益率不断下滑的挑战。同时，"三去一降一补"显示经济依然处于调整与结构转换过程中，去产能、去库存、去杠杆的过程不会一蹴而就，这为经济形成新增长动能带来阻碍，投资难度也较以往快速增长期不断加大。比如，去杠杆过程中金融风险频繁暴露、去产能将涉及企业的破产清算、去库存意味着折价销售等，这所有的一切都反映了投资回报率在新常态中必须要降低。然而这并不是最难的选择，最难的是我们进入了一个低利率，甚至有一天很有可能是零利率的时代，谁也不敢保证有一天会不会变成负利率。这已经成为资产管理机构要面对的最难的挑战。

对社会保险基金来讲，以往配置于固定收益的资产规模在50%左右，随着无风险收益的不断下滑，配置于固定收益的收益也从过去五六年的6%左右不断下滑。例如，如今5年期协议存款的利率为3.85%，社会保险基金的几千亿元配置于协议存款，在利率下行期间，通过配置固定收益所获得的回报必然不断下降。而如果通过提前锁定利率来获取不再下行的收益，则又增大了产品的风险度。

且目前不仅仅是中国的利率在不断下行，2008年全球金融危机之后，主要发达国家将政策利率均降至接近零的水平，目前全球已经有五大主要央行实施了负利率政策，他国利率水平对国内造成了一定压力。同时中国经济下行过程中解决实体经济的难题亦需要将资金成本再度降低。因此，利率水平持续降低的预期下，资管机构做资产配置就会面临趋势性的判断，即未来无风险投资的空间逐渐变小，甚至未来所有的投资都会是有风险的，因为只有有风险的投资才能获取正回报，无风险投资获得的正回报将会屈指可数。因此，资产管理行业不仅要面临新常态的经济增速下滑带来的实体经济问题，还可能面临金融市场利率下降甚至零利率的趋势，这将使得资管业无风险回报的空间迅速收窄和减少，所有投资都必须承担风险。

二、社会保险基金如何配置风险类资产

社会保险基金过去相对较高的回报来源于较高收益率的固定收益与提前布局在风险投资市场的收益。风险类资产领域投资提升了社会保险基金投资能力、锻炼了产品与团队，且在证券市场、直接股权投资市场、私募股权市场的整体回报率远远超过固定收益。如今，面对比以往更多风险、更少收益的市场，"资产荒"成为资产管理机构讨论的难点话题。投资者发现投资比以往更加难做，这是因为大家都需要在更多风险的各类市场中去做投资才能获得回报。未来，资管机构只有把握好金融市场、股票市场、私募股权、证券市场、权益市场等各个市场的特点，才能在即便利率降到零的情况下，也可以在风险类投资中通过资产配置获得相应的回报，并通过投资决策不断地认识风险、规避风险和转移风险。

社会保险基金已经为此做了一定的铺垫和准备，社会保险基金会采取直接投资与委托投资相结合的方式开展投资运作，投资范围覆盖多种固定收益与风险类资产。成长性的制度在完善的过程中避免不了套利空间，因此在开辟新的市场的时候，一定伴随着一定的套利空间与足够的效率空间。在国内金融市场有序开辟新市场、新产品之际，社会保险基金亦可进入赚取这些利润空间。

根据2016年5月1日起正式实施的《全国社会保障基金条例》，全国社会保障基金理事会投资运营全国社会保障基金，应当坚持安全性、收益性和长期性原则，在国务院批准的固定收益类、股票类和未上市股权类等资产种类及其比例幅度内合理配置资产。而社会保险基金作为无负债也无流动性压力的资金，可以配置虽然短期波动较大、风险较高，但长期来看有成长空间和利润空间的投资，如股权投资、私募股权投资、私募债等，也需要有效对冲风险的金融衍生品。

同理，高收益债券市场或许都可以对社会保险开放。比如，在国家的转型政策中，"去杠杆"无非是将原有的杠杆放到市场上去交易，有人对其进行估值，在有人愿意承担风险的同时获取相应的高收益。在这个过程中需要允许对冲风险的工具尽快存在，来反向对冲这些风险。这样一来，市场上新的金融产品的设计和金融制度的设计不仅能开辟风险市场，还能有效规避、对冲和化解风险，从而在做活金融市场的同时，使金融服务与实体经济产生更为深入的结合。在高收益债券中"捡金子"的人就可以有效对冲高风险。

又如在"三去一降一补"的经济大背景下，债转股后显示的是最终资产方面的问题，而非短期债务方面的问题，而债转股中的优先股是最有效的工具。因此可考虑借鉴此前金融危机之际，巴菲特以约定回购价格与回报率的形式持有大批公司优先股并因此在董事会中掌握决定性作用的经验。这就是救谁的命，就对谁估值，且对谁未来负责任的逻辑，是在所有的股权再次估值、再次交易的形成过程中，改变交易结构背后的公司治理结构与决策。发挥优先股的真正功能，才能促进市场快速发展。

另外，2015年社会保险基金配置境外市场规模占比仅为8%，而监管政策允许不超过20%，所以在全球配置趋势下，社会保险基金依然可以拓展海外配置的空间。在现有配置范围上，可探讨成立公司平台来进行海外私募股权投资，通过长期性投资来获得相对较高的回报等。这些投资领域均需要监管的放开，放开的同时可建立相应的奖惩机制来进行激励或约束。

三、让市场快速发展来解决实体经济问题

目前，金融服务机构根据客户需要，按照资产负债特征、风险偏好等进行资产类别选择与资产配置的历史时机正在形成，每一种偏好都可找到其匹配的资产，并且随着市场价格、风险等因素变化不断调整。在这个过程中私有产权不断成长的过程表现为社会财富不断增长的过程，但同时也存在着市场不平衡等市场风险。从这个角度来看，实体经济不仅在成长期、高潮期、辉煌期，而且在市场周期下行阶段，甚至在市场的重新布置阶段，金融也在发挥着有效作用。

金融市场不断衍生、永无休止。所有前序的工具都需要衍生出另一个市场来解决风险回避，尤其是通过整体风险的承担来规避和分散个体风险，即让风险成为一个可以交易的产品，并且可转移出去。比如期货市场的产生是为现货交易提供风险对冲。

因此，只有金融市场再衍生、再丰富、再可对冲，才可以让实体经济有更

多的工具来对冲风险。只有让市场赶快发展，市场越快，我们能解决的问题就越多；市场发展越慢，我们不但解决不了问题，还可能使积累的问题变得越来越多。在市场发展初期一定会存在套利的空间，随着市场发展与各种争议和博弈，套利空间变小，监管层赶紧将其制度化，从而就形成了规范的市场。

中国正处于人口老龄化的关键阶段，老龄化人口正在往社会保障系统性转移，社会保险基金若不在正在市场化的金融市场、快速增长的GDP当中去投资，未来这些机会也会逐渐减少。因此，未来快积累、快投资才能把这个时代带来的积累性机会拿到，将快速增长带来的高回报也拿到。因此，金融所有的逻辑都为了实体经济服务，金融即使为自己的风险转移而转换更多的衍生市场，也是为了转移实体经济的风险。

第六章 社会保险基金安全性问题

第一节 社会保险基金的运行安全

随着社会保险事业的不断发展，社会保险基金的总量不断增加，基金安全问题显得越来越突出。在新的历史时期，不断探索基金安全运行的新思路、新方法，用科学的发展观去统领基金运营工作，用发展的眼光分析基金监督领域的构成因素，就显得尤为重要。

一、社会保险基金运行存在的问题

（一）政策制度不完善

企业存在选择性参保和参保人员不齐等问题，同时因多种原因造成企业参保缴费基数不一致。由于历史原因，在《社会保险法》颁布实施前，五大社会保险均由用人单位根据自身的经济状况自行选择参保，导致目前许多用人单位有意选择性参保的遗留问题仍然存在。

（二）信息数据不共享

由于历史原因，在《社会保险法》颁布以前，各个险种执行各自的参保政策，所以存在不同的参保人群。由于金保网信息不共享，还导致了在同一地区存在不同险种重复参保的问题。目前普遍存在工商、公安、民政、卫计、地税等相关部门信息不共享的情况。部分用人单位在工商部门申请注销登记后，地税部门便不再征收各项税费和社会保险费，但因其并未到社会保险机构缴清社会保险费的欠款，因此社会保险机构将会向地税部门提交征缴计划，致使社会保险机构和地税部门信息不一致，工作难以推进。

（三）经办监管不高效

社会保险机构在经办业务时，尽管建立了完善的制度，但仍然存在业务经办上的风险点，如部分工作人员在经办业务时，没有严格落实经办程序和制度，在工作流程上还存在着随意性，甚至出现业务经办由一人完成的违规情况。究其原因，主要是未建立起内控制度督查机制，未能充分发挥出内控制度在化解经办管理风险、确保基金安全完整的重要作用。

（四）工作机制不健全

当前，人社部门与财政、地税、民政、工商、公安等相关部门还未建立起良好的沟通联系、数据比对和信息共享工作机制。各相关部门之间的信息系统是割裂的，信息资料是无法共享的。审计中就发现社会保险机构基金征缴计划数与地税部门的开票数、入库数存在差距，最终将导致财政在不知情的情况下却要承担兜底的严重后果。

二、社会保险基金完善运行的相关对策及建议

（一）筑牢工作基础，提高经办管理能力

1. 发挥内控制度监管督查作用，强化内控制度落实自查工作

要在业务风险点建立约束机制，在待遇审核、基金支付、业务维护等重要业务运行环节加强管理，在会计出纳、记账复核等基金财务部门和岗位形成有效的制约机制，在内审监督、风险管理、信息披露等监管环节落实措施，优化内部监管体系，为基金监管夯实基础。

2. 建立社会保险基金安全责任制

由纪检监察和基金监管科室通过责任分解和专项检查，把基金管理和安全责任落实到分管领导、经办机构负责人和经办人员，并对基金运行过程实行全程监督；由基金监管科室拟定监管工作方案，定期组织情况分析，依法开展监督工作。

（二）强化预算监管，提高征缴工作实效

1. 加强社会保险基金征缴预算工作

建立基金征缴预算工作机制，社会保险经办机构对其工作目标任务数、扩面指标数、应参保单位数、职工人数、缴费基数、缴费比例、清理追缴指标数

等基本数据摸清做实，编制出社会保险基金征缴预算，确保应征缴的社会保险基数明确，促进基金征缴工作有步骤、按计划科学推进。

2. 加强社会保险基金收支督查监管

根据社会保险经办机构目标任务完成情况，定期联系财政和地税部门，通报基金征缴和支付情况、征缴扩面工作任务和进度完成情况等，加强问题研究，确定工作举措，确保基金征缴工作科学有序推进，高效完成目标任务。

（三）加强沟通协调，促进信息资源共享

1. 强化信息比对

定期对社会保险部门基金征缴计划数、地税部门的开票数或入库数进行比对；定期对社会保险经办机构支付数据与银行对账单进行比对，确保收支数据准确；定期将社会保险征缴支付情况与财政进行沟通交流，争取财政支持。

2. 促进信息共享

建立人社与地税、银行等相关部门信息共享的工作机制，地税部门对社会保险基金征缴、银行对社会保险基金支付、社会保险部门提出的计划的完成情况等信息要实现资源共享，确保收支数据准确。

（四）强化社会监管，增强基金监管效力

1. 加大社会保险政策宣传力度

充分利用电台、报纸、网络等载体，加大对《社会保险法》、社会保险相关政策的宣传力度，使广大群众不断熟悉各类保险政策法规，为营造社会监督的良好氛围和提高社会监督效果夯实基础。

2. 加强部门配合形成合力

强化财政部门的监管，严格收支两条线管理，确保专款专用，按照建立公共财政的要求，积极调整财政支出结构，加大对社会保障资金投入。强化审计部门的监管，准确定位社会保险基金审计目标，以社会保险体制机制及制度执行、社会保险基金筹集管理和社会保险业务管理为重点，掌握社会保险基金的收支结余情况和基金的管理情况，确保社会保险基金安全完整。

第二节　社会保险基金安全管理

社会保障制度是现代经济社会制度的重要组成部分，是公平正义的重要体现，是社会文明的重要标志。管好用好社会保险基金既是十分重要的经济工作，也是意义重大的政治任务。

社会保险基金是老百姓的养命钱，与人民幸福安康息息相关，同群众切身利益紧密相连，是我们建立和完善社会保障制度，全面建设小康社会的重要基础和保证。基金安全直接关系经济社会稳定运行和百姓切身利益，政府关切，社会关注，百姓关心。党的十七大报告明确提出要加强基金监管，充分反映了党中央、国务院对社会保险基金管理的高度重视。

目前，天津市已建立了覆盖城镇职工、农籍职工、农民工、港澳台和外国从业人员等四类人员的养老、医疗、失业、工伤和生育五项基本社会保险制度；建立了农村居民社会养老保险制度和新型农村合作医疗制度；建立了城镇居民医疗保险制度。同时，建立了缴费不足人员补足缴费参加养老保险、城镇困难企业职工参加职工医疗保险、失地农民参加养老保险等制度。由此，形成了以五个基本社会保险为基础、以单项社会保险制度为补充，覆盖各类职工和城乡居民的社会保险制度体系。

下面，笔者结合天津市实际，就加强基金安全管理工作谈几点认识。

一、确保基金安全，健全的制度规范是关键

多年来，天津市政府和基金管理部门把基金安全作为经办管理的永恒主题和第一责任，认真遵守《社会保险基金财务制度》和《社会保险基金会计制度》的规定，严格执行收支两条线，建立了一系列政策制度规定，基金管理能力不断加强：建立五项社会保险集中统一管理制度，全市基金统一缴拨，一级结算，集中管理，严禁职业中介机构代理交纳社会保险费；建立社会保险管理和经办职能界定制度，严禁以任何方式管理或参与管理企业年金；建立账户核定管理、集中审批和统一开户、资金封闭运行的制度，严格内部控制和约束机制，全面规范财政、劳动保障、经办机构等基金管理部门和银行、企业、定点医疗机构等参与基金运行单位的管理和工作程序，创建科学规范、监督制衡、管理有序的公共资金管理和运行程序，认真做好风险防范工作。基金一级核算实现了全市资金当日归集，统一管理，减少了中间环节和在途时间，有效规避了基金风险。

社会保险经办机构作为政府专司社会保险基金管理的职能部门，十分重视内部控制制度的建立与完善。在基金内部核算管理上实行了"三个分开"，即预算与执行分开，相互制约；经费管理与基金管理分开，避免资金性质混淆相互挤占；业务数据与会计、统计数据分开，相互核对。坚持"五项制度"，即保险待遇支付和基金拨付三级审签制度；财务与业务、财政、银行对账制度；基金征收到账率、支付准确率和操作质量考核通报制度；基金运行情况定期分析制度；基金风险和支付压力的预警报告制度。狠抓"六个规范"，即规范基金的账户管理、票据管理、印章管理、特殊业务管理、往来账项管理、基金结算管理。通过健全内控机制，各部门在职能上既相对独立运行，又相互制约和监督，形成对基金安全的有效管理。

二、确保基金安全，高效的信息系统是支撑

　　确保基金安全高效运行，必须加强基金管理的信息化建设。建立一个稳定高效、安全可靠、容量大功能强的信息管理系统，利用网络完成参保登记、缴费结算、支付审核、会计核算、基金划拨、服务查询等各项管理功能，是提高基金科学管理水平的重要手段，也是社会保障事业发展和实现基金科学管理的必然要求。随着互联网技术在全球范围内的普及，宽带接入技术的广泛应用，基金管理信息化建设必须依托信息和网络技术，通过基金管理部门的组织行为，对社会保险各类信息资源进行有序高效的整合，建设规范化和标准化的社会保险信息体系，建设具有统一信息平台和完善的各类信息的数据库，开发基金管理、运行分析、风险预测等一系列应用工程，形成整个基金管理、服务功能的信息数字化，以保证基金流、数据流、业务流的通畅和协调。

　　天津按照"管理到人，服务一生"的要求，为适应海量数据管理的需要，按照原劳动保障部关于信息化建设的总体规划和统一部署，建成了五险统一经办、基金集中管理的信息和数据库系统，形成了市与各区县经办机构、劳动和社会保障部门、银行、邮政、定点医院、药店等社会服务机构，以及工商、税务、统计、审计等政府部门的四级网络平台。在操作层实现了"岗位控制、权限控制、程序控制"，在管理层实现了"过程控制、质量控制、风险控制"，在监督层实现了对系统外重要用户和关键业务点的网上查验功能，实行了对基金风险事前防范、事中预警和事后问责的管理机制，使社会保险基金的安全管理提高到一个新的水平。2006年以来，基金管理部门与中行、农行、工行、天津银行、光大银行、农村合作银行等6家银行1700个网点实施联网，签订各类业务、

技术合作项目协议 49 个，全面实现了"数在网上走，钱在银行流"，账目清楚，手续规范，报表准确，确保了基金的安全封闭运行。

三、确保基金安全，完善的监管体系是保证

我国审计法对社会保险基金接受审计监督做了明确规定。审计署和地方各级审计机关均设立专门的社会保障审计机构，并已连续几年开展了对全国社会保险基金的全面审计或专项审计调查，及时纠正查处各类违纪违规问题。财政部、原劳动和社会保障部制定颁发的《社会保险基金财务制度》规定：劳动保障、财政和审计等部门要定期或不定期地对收入户、支出户和财政专户内的基金收支和结余情况进行监督检查，发现问题及时纠正，并向政府和基金监督组织报告。国家基金监管体系和部门职能的发挥，对维护社会保险基金安全完整，确保基金安全高效运营，具有极其重要的作用。

在贯彻国家规定，构建天津基金监管体系过程中把握了以下环节：一是自觉接受法律监督，每年召开专题会议向人大代表、政协委员汇报社会保险基金的管理和运行情况，加强和改进基金管理；二是财政、审计、劳动行政主管部门充分发挥基金监管的职能作用，定期检查社会保险基金的财务管理制度、会计核算制度、银行账户的审批管理、财政专户管理的执行情况，并向政府报告；三是社会保险基金经办机构建立健全内部审计制度，对基金管理的主要环节和重要岗位实行权限管理，加强基金风险控制，并着力树立在监督下做好工作的意识，自觉接受并主动配合法律行政社会监督，高度重视各方提出的意见和建议，及时研究整改措施。

保障社会保险基金的安全管理是政府有关部门的重要职责。随着天津滨海新区开发开放纳入国家发展战略总体布局，天津的发展已经站在了新起点、新高度。相关部门将按照中央关于深入学习实践科学发展观，坚持以人为本，更加关注民生的要求，进一步加强信息化建设，不断提高经办管理水平，实现社会保险基金安全管理，为天津经济社会又好又快发展做出新的贡献。

第三节 社会保险基金安全评估

社会保险基金是由单位和个人缴纳的专项资金筹集方式，其对于我们的社会发展具有非常重要的意义。在我们的实际应用中只有合理地利用社会保险基金才能够有效保障每一个人的利益，同时有助于社会的稳定发展，因此需要进一步加强对其的研究。就目前的情况来看，社会保险基金安全涉及的范围非常

广，因此在应用过程中必须采取有效的方法进行优化，从而才能够有效确保人们的利益。

一、社会保险基金运行情况

就目前的情况来看，社会保险基金运行主要体现在以下几个方面：①养老保险基金。如今社会的发展，使养老保险收入方面的压力不断增加，国家目前已经推出了相关政策进行该方面的控制，但是因为受到多方面因素的影响，该费用的缴纳还是较缓慢。②失业保险基金。失业保险基金方面相对比较稳定，其征收额度较大，能基本完成年征收计划。③城乡居民养老保险基金。城乡居民养老保险也在不断发展，其增收的力度也在不断加大，这主要是因为国家加大了政策方面的引导，同时对各方面的宣传也比较到位，从而进一步带动了居民的积极性，在很大程度上增加了缴费收入，但是对于基础养老方面还需进一步加强研究。

二、社会保险基金安全评估工作应当重视的几个问题

（一）充分考虑医疗保险制度的特点

就目前的情况来看，我国的职工保险设置了一种优化方式，即将统筹基金与医疗保险个人账户进行有效的结合，但是在这其中的个人账户基金结余额和社会保险基金的安全没有多大关系，因此在进行评估时常常会忽略这部分，从而使得个人账户方面会对社会保险基金产生很大影响。对于这种情况会选择将职工社会保险基金结余设置成为"统筹基金结余"，并且会忽略个人账户因素。

（二）严格管理基金使用过程

根据信息管理系统，各个险种的基金管理中心需要对整个部分进行汇总，然后严格按照相关规定进行上报，并且由财政社会保险处进行资金的审核并交给国库支付处，然后统一由国库进行各个资金的专项拨款。

（三）提高操作人员的综合素质

社保基金涉及的范围非常广，因此对于社会保险基金安全评估工作人员的要求也非常高，他们必须具备较高的专业素质和能力。同时为了更好地适应市场的发展需求，需要不断加强工作人员的自身素质，从而保障后续工作的开展：①定期进行相关培训，不断提高工作人员的素质和业务能力；②选择人员的时候必须严格按照相关规定进行。

总之，社会保险基金安全直接关系人民群众的切身利益和社会保险事业的持续发展，社会保险基金安全评估工作作为一个新的课题，尚在摸索阶段，进一步对其加强研究非常重要。

第四节　机关事业单位社会保险基金安全

机关事业单位社会保险基金安全工作如何推陈出新？河南省开封市机关事业单位社会保险经办机构认真学习贯彻《社会保险法》，严格执行《会计法》《社会保险基金财务制度》《社会保险基金会计制度》等法律、制度的要求，强化岗位责任，规范基金管理和业务经办流程，创造性地开展工作，重点加强了对基数核定、征缴、存储和待遇支付几个主要环节的监控，搞好收、管、发全程跟踪监督，建立了覆盖所有业务环节的内部控制体系。按照不同的岗位明确工作任务，赋予各岗位相应的责任和职权，使各科室职责分明，各岗位责任明确，全面推进了内控制度的落实，真正做到了用制度管权、按制度办事、靠制度管人，使各项业务在有效监督中健康运行，保证了基金的安全完整。

一、形成完整内控体系

（一）合理设置岗位

严格坚持岗位设置"相对独立、互不交叉、互相制约、协调配合"的原则，实行以岗定人、以人定责工作制度，将重要业务分为多个岗位流水办理，切实明确岗位职能、操作办法、操作标准，使操作、监督和管理三个层面相互分离，构建了三层架构交互式监督制约的立体管理模式。以制度为整体框架，严格执行"一事两岗两审"原则，对养老保险费征缴、基金转移、养老保险待遇核定、养老金拨付和发放等业务工作建立了一套比较合理的业务流程和监控措施。

（二）合理设置权限

根据工作需要和内控制度的要求，按各岗位的管理权限和岗位职责，在信息处理系统中分别授予不同的处理权限，使业务受理、经办、审核三个环节分由不同的岗位负责，每人只办理与本人相关权限的业务，通过合理设定业务办理权限等级，实现业务操作前台经办、后台监管。受工作人员紧缺的影响，在部分业务中合理设置了"一人多岗、定期内审"的工作原则，整个业务分级负责，使操作、管理、监管既相互分离又交互式监督制约，从而实现业务办理过程的全面监督。

（三）建立内控"一把手"责任制

以规范经办行为、防范基金风险为重点，加快构建服务、管理、监督"三位一体"的经办组织架构，建立内控"一把手"责任制，对重点业务高风险经办环节开展实时监控，进一步健全内部控制和稽核管理工作。采取有效措施，加强部门协作，建立数据对比纠错机制，开展数据清理，进一步提高数据质量。组织开展稽核内控检查，强化基金监督管理，确保基金安全有效。

二、"五个节点"控制

（一）节点一：严格缴费基数审核控制

为提高缴费基数准确性，在参保单位申报缴费工资基数时，要求参保单位提供个人档案和工资审批手续，并复印存档。

（二）节点二：严格基金票据管理

坚持社会保险基金票据由专人负责管理，实行票据管理和使用分离制度。基金票据统一购买并由专人管理，使用人领用按规定进行登记，并注明领用人姓名、领取数量、编号、时间等内容。基金票据管理员每月对票据的使用情况和数量进行一次核查，年末对所有使用和未核销的基金票据进行清理，有效防范挪用基金、丢失基金票据等事件发生。

（三）节点三：参保人员基本数据修改控制

对需修改的参保人员姓名、出生年月、参加工作时间、连续工龄、缴费基数等重要数据，必须先由参保人员提供书面申请和原始资料，提交稽核部门复核后，再交主管领导审核，经一把手审批，最后转交信息数据管理员进行更正。

（四）节点四：严格待遇计算和支付控制

待遇支付及资格认证要求档案资料齐全，经过复核、审批各环节相关责任人签字并经主管领导审批后，在计算机系统中建立新退休人员基本信息，作为支付新增退休人员待遇的依据。严格养老金领取资格认证工作，充分运用大数据手段，积极与公安、民政、卫健等部门开展业务协作，开展与人口管理、殡葬、就医等方面的数据比对，分析判断参保人的领取待遇信息，核实参保人员领取社会保险待遇资格。

（五）节点五：提高计算机后台控制

建立完备的信息网络系统管理办法，规定系统管理人员与操作人员互不兼任，实施有效的用户管理和密码管理制度，加强计算机信息技术对业务的控制，减少人为因素造成的差错。一是信息系统业务办理实行权限分级管理，各个岗位互不交叉，信息管理员只维护系统的正常运行，不参与业务办理。二是基金发放严格以信息管理系统经办结果为标准，根据每月办理的业务和信息数据生成退休人员社会化发放计划，经过送审、校验，在制单环节自动生成参保单位支付凭证，自动将报盘推送给银行进行发放，人工不能干预报盘数据。

三、构建"三不为"机制

（一）构筑"不愿为"的自律机制

加强重要岗位业务人员教育，以各地的社会保险案例为警示教材。要求牢固树立人人都是基金监管主体的责任意识，形成人人关心基金安全、重视基金安全，维护基金安全的良好氛围。

（二）形成"不能为"的防范机制

按照内控制度建设的基本原则，严格实行责任追究制度，坚持一手抓制度的科学制定，一手抓制度的全面执行，切实做到用制度管权、按制度办事、靠制度管人。

（三）强化"不敢为"的追究机制

在服务大厅公开首问责任制度、限时办结制度、责任追究制度，并设置意见箱，公布举报电话，严格实行过错责任倒查制，形成社会监督机制。同时，加强内部监督，定期检查基金收管发情况，不定期地重点调研机关事业单位养老保险政策执行情况和社会保险基金管理、存储、发放情况，结合行风建设监督员座谈走访征求意见，接受监督。

四、做到"两加强"

（一）加强稽核部门对基金安全的监督

将日常业务都纳入稽核视野，内部审计可以全程介入业务管理，变事后监督为事中监控。稽核部门有权对各项基金的支出进行复核、提出质疑、开展审计和进行处理，进一步完善内部控制和约束机制。

（二）加强工作的透明度

建立内部监督制约机制，堵塞业务管理漏洞，防止违规违纪问题的发生，制定下发《社会保险基金管理办法》和《内部控制暂行办法及实施细则》，对养老保险费基数核定复核、享受养老保险待遇核定审核及待遇发放、业务数据录入修改等内部监督控制办法分别进行详细规定。

第五节　业务档案管理与社会保险基金安全

社会保险业务档案作为社会保险业务的重要组成部分，是参保人员享受保险待遇的凭证，也是保证社会稳定发展的基础。随着近年社会保险业务的发展，社会保险覆盖面、服务范围逐渐扩大，同时社会保险基金面临的风险也越来越多。

近年来，我国社会保险机制越来越成熟，但是由于部分地区社会保险机构内部控制制度不健全、管理模式落后等因素，不利于开展社会保险基金管理工作。因此，社会保险基金管理工作需完善内控机制，使其更加趋向于常规化，推动社会保险业务档案管理健康发展。下面，笔者结合工作经验，从以下几点探讨业务档案管理工作对社会保险基金安全的影响。

一、业务档案的重要作用

在社会保险业务中，业务档案和社会保险基金关系密切，是保证基金安全性的前提条件。一般情况下，社会保险基金在发放、转移、征缴时参考相关规定会产生业务档案，其记载着多年来参保人员的详细信息，如参保记录、参保费用、享受的待遇等。在实际工作中，工作人员将业务档案管理、社会保险基金结合在一起，参照业务档案对基金进行核对，比对档案监管基金，能有效预防漏发、冒领现象，便于充分发挥业务档案的作用，保证社会保险基金安全。

二、业务档案管理是保证社会保险基金内控到位的途径

加大社会保险档案的管理力度，保证基金内控到位，能修复社会保险漏洞，保证基金安全。从当前情况来看，主要表现在以下几点：①业务档案管理是保障基金安全的基础。由于部分社会保险机构缺乏对业务档案管理的重视，投入资金和精力较少，导致该管理工作缺乏一定的规范性、系统性，导致装订不规范、档案丢失现象频发，无法满足管理人员、参保人员的信息查阅需求，不利于提高管理质量和内控效率。再加上社会保险业务量庞大，故而对业务档案进行规范、科学的整理和管理非常重要。②科学、合理地使用业务档案是保障基金安全的有效手段。业务档案管理包括收集、分析、整理、归纳和查阅等流程，

各机构及参保人员都通过间接或直接的方式参与其中,导致业务档案管理错误频发,因此为保证业务档案的完整性、真实性,需加强内部管控,进一步保障社会保险基金安全。③随着人们养老保险意识的增强,历史缴费作用逐渐显现,断保多年后再续保的人越来越多。由于历史缴费记录不完整,部分参保人员权益得不到保障,而且实践中也产生诸多争议,为有效解决这些争议,必须依据完整、准确的个人信息,因此加强业务档案管理工作尤为重要。如果业务档案管理缺乏安全、合理的管理流程和机制,就会使社会保险机构的工作陷入瓶颈,甚至还会影响社会保险改革的进程。所以,应基于实际加强业务档案管理,这是保护参保人员权益的基础,也是保障社会保险基金安全的重要举措。

三、业务档案管理工作保障社会保险基金安全的措施

(一)增强社会保险基金安全意识,加强档案管理的宣传力度

国家档案局、人力资源保障部门应制定业务档案的管理要求,对相关的管理制度、执行部门给出详尽的规定。上级部门还要不断增强社会保险基金安全意识,加强业务档案管理,将其作为评定部门领导工作的指标之一;借助网络、电视等载体宣传业务档案管理工作,保证社会公民充分了解业务档案管理工作的作用。同时,社会保险机构还要加强部门领导,组织专业人员参与业务档案管理,并为他们提供工作场所,尽可能地满足工作要求,保证业务档案管理工作顺利进行;根据自身经济状况适当提高业务档案管理部门的资金预算,提高工作人员的福利待遇,从而提高业务档案管理工作的质量。

(二)建立信息化环境,健全内控机制

在业务档案管理工作中,建设以人为本、人机结合的信息系统对加强内部控制具有重要的作用,具有成本低、维护便利、效率高、可靠性强的特征,能使内部控制管理更加精细、合理。社会保险机构应建立信息化的业务档案管理环境,合理使用计算机的统计准确、运算速度快等优势,将社会保险系统和银行、编制机构、缴费单位系统结合在一起,不断拓展档案信息的收集面。与此同时,社会保险机构还要集中处理档案信息,及时将变动后的信息传递至系统终端,便于统一检查、核对档案信息,推动社会保险基金有序运行。

在保险业务档案管理工作中,工作人员要规范管理流程,保证档案资料的完整性、真实性,从而不断提高档案管理的质量和效率。社会保险机构要依托我国颁布的和档案管理相关的政策,健全业务档案管理工作制度,基于工作要求明确档案信息的归档标准和要求,构建全面、科学的管理体系,能保证各项

工作顺利进行。对于种类不同的业务档案管理，工作人员还要明确各环节流程，保证能够进行集中化、标准化的管理，从而不断提升管理水平。

（三）加强业务档案规范化建设，夯实内控基础

业务档案和每位参保人员的利益有着直接关系，通过规范化管理业务档案，能夯实内部控制基础，保证社会保险基金安全。社会保险机构要建立社会保险档案的管理机构，明确相关人员的工作职责；完善规章制度，编制行之有效的方案，明确业务档案的管理期限，保证立卷有标准，归档有范围，保密有条例，查阅有规定，使各环节都有据可依，从而实现最终的科学管理目标。另外，社会保险机构还要健全内控机制，制定科学、合理的牵制机制，对于重点的业务档案稽查，要落实双控、双岗机制，规范受理、审批、复核、支付等业务流程，将业务档案管理工作纳入日常工作中，并和绩效工资、年终考核挂钩，作为年终评选的依据。

同时，社会保险机构还要投入足够资金加强档案管理基础设施建设，分开进行资料存储、办公和查阅工作，为档案资料设置专门的档案柜，并对档案信息存储环境进行管理和控制，预防因不良天气带来的损害，并对档案室实施系统、规范的管理，保证档案室的安全。此外，社会保险机构要加大对业务档案管理系统的开发和利用，将信息系统和保险业务进行对接，统一档案信息数据格式，以实现最终的业务档案管理目标。社会保险业务档案信息是对参保人员真实情况的反映，故而还要重视其保密性，定期组织管理人员参与专业教育和培训，增强档案管理安全意识，保证档案管理有效、高效地进行。

（四）加强社会保险基金安全教育，提高综合素养

业务档案管理是一项业务性和政策性都比较强的工作，特别是事业单位的社会保险档案，在具备专业性的同时还具有政治性。作为档案管理人员，除要掌握基础性的基金安全知识外，还要具备一定的业务能力和法律意识。基于此，社会保险机构需加强对档案管理人员的基金安全教育，借助各种手段提高他们的管理意识和自律性。首先，开展各种形式的警示教育活动，与档案管理机构建立友好关系，邀请专业人员讲述教材，增强他们的依法建档、管档意识，管理责任感。其次，组建一支高素质、复合型的内控团队，基于社会保险机构的实际情况，有目的、有计划地对内部人员进行培养，为他们提供尽可能多的学习机会，通过内部稽查、核对机制约束员工，提高内部控制的执行力度。最后，提高管理人员的职业修养，对全体管理人员进行思想素质教育，并于教育结束后进行考核，只有考核合格者才能上岗工作，提升全体员工的职业修养。

（五）定期评估业务档案，保障社会保险基金安全

社会保险基金风险处于动态的变化中，社会保险机构应设置专门的审计人员，定期监控和评估业务档案。在对业务档案进行评估时，社会保险机构要按照相关要求和标准，严格把控基金流向和流量，全面评估资产现状，并基于业务流程制定与之相适应的流程进行监督和防范。另外，社会保险机构还可邀请工作经验丰富的审计人员进行评估，便于及时发现业务档案存在的问题，预防发生暗箱操作现象。总之，定期评估业务档案信息，能发现和预防基金漏报、错报，使社会保险机构的内部控制工作更加趋于常态化，进一步保证社会保险基金的安全性。

除此之外，档案管理部门还要采购实用、先进的办公设备，安排专人记录档案信息数据，建立档案数据库，有效整合和利用业务档案信息。同时，档案管理部门要根据自身情况和工作状况革新档案管理软件，做到自动管理、检索和统计档案资料，便于全面掌控业务档案信息，为日后工作的开展提供保障。

在社会保险业务发展、覆盖面扩大的背景下，社会保险基金安全问题越来越突出，会降低业务档案管理效率，阻碍社会保险行业发展。因此，社会保险机构需加强业务保险管理，比如，吸取国外的先进经验，健全内部控制机制，加大社会保险风险的防控力度，保证业务档案管理工作的顺利进行。另外，社会保险机构还要积极、主动地解决内部控制建设中存在的问题，及时转变管理理念，将社会保险基金安全作为目标，建设内控机制作为基础，规范业务档案管理流程，并定期对其进行评估，以此保障社会保险基金安全，促进社会保险事业实现可持续发展。

第七章 社会保险基金安全监管问题

第一节 社会保险基金监管现状及对策

随着时代的进步，社会经济水平提升，我国社会保障制度日益成熟和完善，社会保险基金的规模不断扩大，不仅从根本上提高了我国的社会保障能力，也有效保障了人们的基本生活水平。但在社会保险基金监管方面仍然存在很多不足之处，社会保险基金问题日益突出，影响了社会保障制度作用的发挥，因此需要加大监管力度。

一、社会保险基金监管现状

（一）缺乏相应的法律法规

从我国社会保险基金监管现状来看，其整体监管力度远远不够，出现了很多问题。究其原因可知，监管法律法规不完善是监管水平低的最主要原因之一。虽然《社会保险法》的颁布与实施使相关工作人员在社会保险基金监管中有章可循、有法可依，但在具体监管执行层面还缺乏专项法律，降低了相关监管人员的执行力，不利于实现良好的监管效果。并且现阶段社会立法方面也比较欠缺，加大了社会保险基金监管难度，很多社会保险基金问题无法得到有效解决。

（二）政府主导下的一元化监管

现阶段，政府部门是社会保险基金监管的重要主体，不仅法规的制定由政府掌控，而且在监管机构设置方面也是由政府主办的。虽然在设备基金管理中政府使用行政手段和强制手段能够加大管理力度，但实际上，其权利的使用与监管并没有分离，这就在一定程度上降低了监管的科学性、合理性。并且政府主导下的一元化监管存在很多弊端，一旦政府出现了严重的贪污腐败情况，其监管水平会大大降低,难以实现预期的监管效果,阻碍社会保险基金正常运行,并且容易引发各种各样的社会保险基金问题,不利于我国社会保障能力的提高。

(三)社会保险基金监管机制有待完善

社会保险监管机制是进行社会保险基金监管的重要依据。但目前我国还缺乏统一的、完善的监管机制,对其监管工作产生了不良影响,也降低了社会保险基金运行的有效性。在实际监管中,我们不可避免地会遇到各种各样的问题,但由于监管机制不健全,难以依据相关规定对这些问题进行处理,不仅阻碍了社会保险基金的正常运行,而且会引发重大问题,给社会保险基金带来巨大损失,影响社会稳定、快速发展。另外,不完善的社会保险基金监管机制很难确保各个部门的统一协调,严重降低了监管力度,并且很多部门都各自为政,引发了各种纠纷与矛盾,难以有效落实社会保险基金监管工作,最终的管理效果不理想。

(四)社会保险基金监管人员缺乏

从我国的社会保险基金监管人员现状来看,其管理能力参差不齐,综合素质与水平也存在较大的差异性。尤其是在我国社会保险基金规模日益扩大的今天,对相关监管人员又提出了新要求。但由于现阶段社会保险基金管理人员匮乏,给监管工作开展造成了巨大困扰,难以促使社会保险基金监管工作高效进行。另外,因为缺乏专业性的社会保险基金监管人才,实际管理困难重重。部分社会保险基金监管人员素质低下,也是导致社会保险基金管理工作不规范的主要原因。因此,在新时期,有必要加强对社会保险基金管理人才的培养。

二、对我国当前社会保险基金监管的相关建议

(一)建立健全监管方面的法律法规

社会保障制度的顺利实施,离不开法律的支撑。为了有效降低社会保险基金问题出现的概率,需要为其监管工作提供强大的法律保障,这就需要结合当前社会保险基金监管方面存在的问题,对以往法律中不合理的地方进行调整。这主要是因为法律法规是其监管工作最基本的保障,有利于提高监管的实效性。相对而言,西方很多国家在社会保险制度方面起步较早,社会保险基金方面的法律法规较完善。因此,我国可以积极向西方国家学习,合理借鉴其社会保险基金监管的经验。与此同时,在社会经济形势不断变化的今天,相关法律法规也应该及时调整和优化,以便满足当前社会保险基金监管需求,促使监管工作落到实处。

（二）实现社会保险基金监管的市场化

在社会保险基金监管中，政府主导的一元化监管模式是存在缺陷的，不利于管理质量与效率的提高，与现代社会发展也不适应。为了从根本上提高监管水平，需要对以往的监管方式进行突破与创新，促使其监管工作逐渐朝着市场化方向发展。从当前国外社会保险基金工作状况来看，欧盟发达国家已经实现了社会保险基金监管的市场化，取得了良好的监管效果。因此，在完善我国社会保险基金监管模式的过程中，可以借鉴国外的先进经验。市场化的实现，可以促使我国社会保险基金监管主体从政府转变为相关的金融机构。与此同时，监管机构也能够有效地把控社会保险基金的运行状态，时刻掌握其运行情况，第一时间发现社会保险基金问题，对市场中的各种行为进行规范，加强管理力度，提升监管水平，这对社会保险基金的良好运营具有重要意义。

（三）健全社会保险基金监管机制

众所周知，完善的监管机制是顺利开展社会保险基金监管工作的基础和有力保障。因此，要想在整体上提升社会保险基金监管效果，完善监管机制是很有必要的。目前，虽然我国在社会保险基金监管方面建立了相关的监管机制，但在具体的施行过程中存在很多未跟进的部分。针对这种情况，健全监督机制的工作刻不容缓。这就需要针对以往社会保险基金监督机制中存在缺陷的地方，及时进行修补和优化，并结合当前监管中存在的问题，有针对性、目的性地完善相关监督机制。与此同时，还需要建立与之相适应的监督机构，全面加强对社会保险基金的监督与管理。另外，还需要对内部监督体系的建立加以重视，以便为社会保险基金的运行创造良好的环境，切实控制好基金的收入与运营，全面提高监管水平。

（四）加强社会保险基金监管队伍建设

监管人员综合素质与管理能力的高低对监管效果产生着直接影响。因此，为了实现良好的监管效果，需要加大社会保险基金监管人才的培养力度，加强监管队伍建设，以便充分发挥人才优势，为社会保险基金运营提供有利条件。因此，在社会保险基金监管方面，应该适当扩大监管工作人员队伍，这主要是因为社会保险基金监管工作具有复杂性，涉及的范围比较广，监管人员充足可以在整体上提高工作效率与质量，减少不必要的问题。一方面，要丰富社会保险基金监管人员专业知识，使其能够以最快的速度解决监管中遇到的问题；另一方面，需要培养其综合素质，增强其责任感，使其能够全身心地投入社会保险基金的监管中，强化基金管理效果，提高基金运行效率与质量，将社会保险制度作用最大化，这对社会健康稳定发展具有重要意义。

社会保障制度是我国的重要制度之一，属于人民生活的"安全网"，对社会稳定发展具有重要影响。为了促使该制度顺利实施，需要做好社会保险基金管理工作，不仅要加强社会保障基金监管队伍建设，实现社会保险基金监管的市场化，还要完善相关法律法规与社会保障基金监管机制，以便大幅度提升监管水平。

第二节 社会保险基金监管原则及健全措施

社会保险基金作为关系人民群众切身利益的一件大事，理应得到从中央到地方各级政府的重视。完善社会保险基金监管体制，应在更新观念的基础上，树立依法监管、独立监管、审慎监管和透明监管的原则，从加大监管投入、创新监管制度、拓宽监管渠道等方面予以努力。

一、社会保险基金监管相关原则

（一）依法监管原则

首先，社会保险基金监管机构的设立及其职责都必须由法律明确规定；其次，社会保险基金监管的对象及其范围必须由法律明确规定；再次，监管的内容、监管的标准、监管的方式和监管的手段，必须由法律明确规定；最后，因社会保险基金监管而引发的法律救济和法律问责机制，也必须由法律明确规定。

（二）独立监管原则

社会保险基金直接关乎人民群众的切身利益，能否从形式到实质上对其实行公正监管，保护好这份老百姓的"保命钱"，是检验政府依法行政能力和行政效能高低的重要标杆，也是关系到社会能否稳定和发展的重要事项。而独立监管正是寻求公正监管的必经之路。独立监管原则是指社会保险基金监管机构在法律、法规赋予的监管权限范围内，依照法律、法规独立地行使行政监督权力，不受其他任何部门、个人和组织的干预，以确保监督的公正性、权威性和有效性。

（三）审慎监管原则

审慎监管原则是指监督机构应按照基金的流动性、安全性、效益性三大原则，合理设置有关监督指标，进行评价和预测，最大限度地控制风险，促进管理运营机构自我约束基金运作行为，但同时，又要在法律和政策允许的范围内鼓励和支持运营机构积极地探索社会保险基金的保值增值新领域。监督机构必须进行谨慎监管、谨慎定论与处理，做到宽严适度，创造良好的监督管理环境，才能确保社会保险基金的保值增值。而社会保险基金监管机构的管理重心，应该放在为经办机构和基金管理服务机构的规范管理和运营创造适度的、市场化的竞争环境上，防范经营风险的发生。

（四）透明监管原则

各地社会保险基金保值增值的压力逐年增大，这一现实赋予了基金管理者更多的行使自由裁量权的充分理由。鉴于此，当前建立严格的信息披露制度，提高社会保险基金营运的透明度，使养老保险基金管理者、投资者等各方获得充分的信息，减少因不完全甚至虚假错误信息导致的风险和损失十分必要。基金营运机构必须将基金投资的成本、效益及其他重大事项及时向公众披露，监管机构则着重审查信息披露的真实性。社会保险机构应当每年向社会公告社会保险基金的支付、积累、运营等情况，并通过法规明确应由何种机构、通过何种形式，并以何种周期、以何种标准和规则向参保人公布，公布何种信息等关键问题，逐步实现社会保险基金的公平、公开、公正。

二、健全社会保险基金监管的措施

（一）加大社会保险基金监管的投入

我国社会保险基金监管赖以建立的法律基础层次过低，直接导致因违法成本低下而出现大量的挤占、挪用甚至是贪污社会保险基金的行为，监管力度已不能适应实际需要。国家应加大立法投入，尽快依照宪法制定社会保险基金监管的基本法律和配套法规，在关系人民群众切身利益的实质问题上，最大限度地整合现有的法律资源并加以合理利用，必定都是能够得到人民群众支持和拥护的。

各级行政机关在追求 GDP 增长和经济可持续发展的同时，也应当加大对社会保险基金监管的行政投入。应当看到促经济和保民生是有机联系的整体，促经济不能以牺牲民生作为代价；而保民生，是为促经济做必要的准备和重要基础。人民群众的切身利益理应成为经济发展过程中被尊重和被重视的因素，社会保险基金作为关系民生的重要一环，绝对应当得到政府的重视和更多的投入。

(二)创新社会保险基金监管的制度

在现有的社会保险基金监管制度当中,预决算制度和审计制度应当是两项被期待能够发挥重要作用的监管措施。通过合理而科学的预决算,可以最大限度地控制社会保险基金运营过程中的风险;而独立的审计又可以保证和促进社会保险基金运营的安全。政府监管是居于主要或者说核心地位的。应当承认,政府所掌握的行政资源对社会保险基金监管是非常有帮助的,而且事实上我国大部分地方政府的监管还是得力的。社会保险基金监管机构实际上是政府的一个机构,它在整个社会保险基金的运行关系中,地位非常重要,既负责社会保险基金征收,又负责社会保险基金运营,还负责社会保险基金监管。在这样的情形下,虽然其行政效能和监管效能得到最大限度的发挥,但是权力的过度集中及自我监管的存在使得社会保险基金运营活动和监管活动的风险非常大。在条件成熟的情况下,完全可以考虑让政府从宏观上对社会保险基金监管进行控制和引导,从而逐步退出微观的监管环节,通过设立专门的、专业化的监管机构来负责具体的监管活动。专门监管既不会因为监管者与被监管者之间某些天然的联系而让人对其公正性产生怀疑,又能够通过充分发挥专业优势来推动社会保险基金监管的良性发展。

第三节 社会保险基金监管体系的完善

社会保险基金作为我国人民群众的"养命钱",是一种专项资金。当前社会挪用社会保险基金的情况偶有发生,从而说明我国对社会保险基金的监管还存在诸多的不足和待完善的地方。

一、社会保险基金监管体系的相关概念

(一)社会保险基金

社会保险基金旨在给那些丧失劳动力或短时间丢失工作的人员提供一些基本的生活保障,是在遵守我国相关法律的前提下由社会保险机构成立的一种专项社会后备基金。其主要由医疗、工伤、养老、生育和失业等五部分构成。社会保险基金的主要经济来源途径包含劳动者的个人缴费、企业缴费、国家的财政补贴和基金的利息收入等方面。

（二）社会保险基金的监管体系

社会保险基金的监管体系是在遵守我国法律法规的前提下，由国家行政监督机构成立专门机构或管理部门，从而确保社会保险基金的完整和安全，同时对社会保险经办机构、参保单位和社会保险基金的运行进行及时的监控和管理，从而确保社会保险基金运营的合法和有效，进而促进社会保险基金的健康发展，尽可能地保证被保险人的合法权益。

二、我国社会保险基金监管体系现状

（一）社会保险基金监管体系的相关法律法规正在逐步完善

随着我国出台一系列社会保险基金的管理法律法规，对社会保险基金监管体系的主体对象和监管内容做出了详细的规定，不断从如采用基金收支分开、实行财政专户保证专款专用和强化社会保险基金财政管理等方面着手，为社会保险基金监管体系提供了法律依据，对监管工作的开展具有一定的指导性。

（二）初步形成社会保险基金的监管路径

目前我国的社会保险基金的监管是集法律监管、财政监管、内部控制和社会监督等为一体且多部门构成的监督体系，主要由人社局、审计、税务和财政等多部门相互协作来完成对社会保险基金的监督工作。《关于开展社会保险基金社会监督试点的意见》和《社会保险基金监督工作要点》的颁布和实施，体现了国家对社会监督的重视程度在逐渐增强。社会保险基金事业的良好发展离不开一套完善的社会保险基金监管体系。

（三）采取现场监督与非现场监督

为了对社会保险基金的收支、运营和投资等情况进行全面的监督和控制，根据《社会保险基金行政监督办法》相关规定：第一，直接调派人员到相关单位，通过专项监督和对基金的使用状况进行现场监督的方式，以此确保对基金监管的准确性和真实性；第二，采取非现场监督的方式，如根据社会保险基金监管体系的信息系统或者相应报表对社会保险基金运行情况实行全方位的监控。

三、我国社会保险基金监管体系的不足

（一）法律法规制度不够健全

虽然我国一开始就对社会保险基金的管理和运作过程进行了监督，但相关的法律体系是不健全的，在社会保险基金的收支、运营和管理的实际操作过程

中缺乏相应完善的法律体系作为保障。虽然我国早已颁布且实施了《全国社会保障基金投资管理暂行办法》，但就实际情况而言，在一些问题的解决中始终难以奏效。国家又相继出台了《社会保险法》，但是该法对社会保险基金并不起指导作用，只是对一些原则性问题进行了规定。因为法律法规制度的不健全，我国的社会保险基金监管体系存在一些问题，从而导致社会保险基金的流失，进而增加了社会保险基金的监管难度，阻碍了社会保障制度的稳定运行。

（二）监管主体不明确，内部控制不严格

1. 监管主体不明确，导致分工不明确

当前我国的社会保险基金监督体系由人社部和财政部等多个部门构成，从理论上讲，已经做到了政府内部的各个部门对社会保险基金进行全方位且适时的监督和管理。但实际上，因为部门间的分工不明确，监督的过程中出现了"越位"或"错位"的现象。各个部门在对社会保险基金进行监管的过程中缺乏相应的沟通和配合，没有共同分享最新的监管信息，从而无法形成强有力的监管合力，极大地降低了监管体系的效能。

2. 对全国社会保障基金理事会的运营操作没有进行适时有效的监督

全国社会保障基金理事会主要负责和运营全国的社会保障基金。由财政部及人社保障部对其基金的运营和管理现状进行监控，但其成效不明显。第一，社会保险基金的受利群体比较分散，是全国受保群众的集合体，从而降低了对社会保险基金理事会运营情况的监督力度；第二，全国社会保障基金理事会隶属于国务院，其与财政部及人社保障部三者之间是平行关系，虽然规定其受财政部及人社保障部的监督，作用并不明显。

（三）信息披露制度不完整

目前，我国法律没有明确规定社会保险基金经办及管理机构披露社会保险基金相关信息的义务，运营信息不够透明，这就增加了社会保险基金的管理和运行风险，主要体现如下：第一，由于社会保险基金信息披露制度的不完整，相关信息使用者不能明确社会保险基金的变动和收支情况，从而无法起到对社会保险基金信息的监督作用；第二，缺乏民众监督路径，削弱了群众对社会保险基金进行监督的权力。

（四）市场监督体系还不够完整

我国社会保险基金主要的运营方式是直接进行投资和委托进行投资，这两

部分资金的投资人和管理人为了保证基金的保值增值,会将基金投入事业公司进行再次运营。这时市场监督体系就应充分发挥作用,对其中的委托代理关系进行监管。但是当前我国的资本市场才刚刚起步,对应的市场监督体系和法律法规体制还不够完整,没有完全起到监督的作用,导致人们的社会保险基金法制意识比较薄弱,从而不慎重地进行资金的投资或使用,对社会保险基金的安全构成极大的威胁。

四、如何完善社会保险基金的内外监管机制

(一)完善社会保险基金管理的相关法律

我国社会保险基金的管理和运营与多方面的经济主体都有着紧密的联系,在实际运营过程中存在着诸多的矛盾。这就需要相应的法律法规来对各个经济主体进行监督和管理。但就目前发展来看,我国社会保险基金管理的相关法律体系还不够完善,需要出台一系列的法律来对社会保险基金的运营和管理进行规定,从而促进社会保险基金的健康稳定发展。

(二)监控社会保险基金的内部风险

因为社会保险基金的各个管理层的职能划分不明确,内部控制的作用微乎其微,所以需要不断完善部门的内部控制机制来规避不必要的风险,以此确保社会保险基金的安全。首先,要构建社会保险基金投资委员会,对需要投资的产品进行严格把控,保证投资的科学合理性;其次,要成立相应的违规惩罚体系,对进行违规操作的个人或单位给予严厉的处罚。

(三)建立第三方监督机构和信息公布机制

选取具有专业投资和管理能力的机构来对社会保险基金的运营机构实行监控。第三方中介机构相对于社会保险基金运营机构具有独立性,可以利用自身的专业技能,来对社会保险基金的运营现状进行适时的监控,并提出更为准确、真实的信息,从而加强社会保险基金的外部监管。信息公布机制需要定期向全社会公布社会保险基金的资产、收益和现金流量等财政现状,还需要及时地公布一些突发或重大事项的相关信息。

五、建立健全社会保险基金监管体系的措施

社会保险基金是从事社会保障活动的物质基础,是社会保障制度赖以生存和发展的重要条件与根本保证。为了充分发挥社会保险基金的作用,必须建立

完善的社会保障基金监管体系。

我国对社会保险基金的监督管理模式,是政府集中管理模式下的部门分散管理。现在我国运行的社会保险监督体系基本符合我国的国情,但从具体内部环节分析还有很多方面需要进一步完善。具体而言,为了进一步完善社会保险基金监管体系,应采取以下措施。

(一)完善社会保险基金监管的配套规定,加强多机构协同监管

《社会保险法》的实施使社会保险基金监管有了根本法律依据,但更多配套法律法规还要及时跟上,加强多机构协同监管。

1. 筹建各利益相关代表组成的社会保险监督委员会

委员会的筹建可以由人社部门牵头,由人大、政协、工会、纪检、人社、财政、审计及社会各界组成,参与社会保障基金监管,促进管理者提高管理水平,改进服务质量。工作经费可以由各部门单独列入年度预算,争取财政支持。社会保险监督委员会要把对社会保险基金的监管作为重要任务,做到审计有计划、检查有方案、年度有考核、年终有奖惩。社会保险监督委员会总体协调负责,各部门可以联合或由某部门单独对社会保险基金进行专项检查,这样可以促使基金经办部门及时整改,堵住基金管理漏洞,防止基金流失,确保基金安全。

2. 加强政府机构内部不同部门之间的监管

财政局的社会保险基金财政专户、地税局的社会保险费征收及银行的基金管理等情况都要纳入社会保险基金监管体系中来。按照《社会保险法》的要求,财政、税务、工商等部门都应该主动配合社会保险执法部门,搞好基金的监督。然而,真正要搞好这些部门的联动协调,还需要由政府出台相关文件,由人社部门牵头,财政、地税、工商、银行等部门主管领导成立领导协调小组,下设办公室。办公室要制定工作计划,定期将部门基金数据以简报形式公布,并建立联查机制,定期组织人员对各部门基金情况进行检查。如果出现部门抵触推诿的情况,如领导协调小组无法沟通,应由政府出面协调通报。

3. 要加强社会保险基金社会监督

建立社会保险基金信息披露管理制度,通过各种途径公布老百姓关心关注的涉及社会大众自身利益的关于社会保险基金方面的重要事项。加强基金透明运行,与社会监督有效结合,确保基金安全高效地运行。将参保职工、参保单位、新闻媒体、专业人员等全部纳入社会监督体系中来。参保单位和职工都从正规渠道获得消息,可以随时对社会保险政策发表不同的意见和建议,随时向社会保险基金监管部门反映相关违法违规问题。另外，新闻机构可以从自身着手，利用自身条件加大社会保险政策的宣传力度，还可以利用自身消息来源广泛、信息灵通等特点，挖掘社会保险违规违法事件，并向社会保险基金监管部门提供相应证据。社会上的一些科研团体及众多的专家、学者都可以提出完善社会保险基金监督的意见和建议。对于社会保险经办机构来说，可以鼓励员工对优化社会保险基金运行提出自己的观点，及时发现和反映违法违规问题。

4. 推动社会保险基金监督的信息化

现代社会日新月异，社会保险基金监督的信息化水平也需要跟上当今形势，充分利用电子信息技术等手段使社会保险基金监督更具效率。现在很多省份推进的基金非现场监督可以从上至下监控各个险种的运营，下级可以对部端、省端监控下发的疑点信息进行及时查实、纠正和反馈，从很大程度上提高了基金监管的水平。

（二）加强对社会保险基金运行过程中的动态监督

加强对社会保险基金运行过程中的动态监督包括以下三个环节。

1. 社会保险基金征缴

社会保险基金征缴任务能否完成主要在于社会保险缴费基数制定和社会保险费是否征缴到位这两项内容。对征缴环节的监督包括征缴机构的缴费基数是否合规制定，有无擅自更改；缴费单位是否恶意拖欠社会保险费；征缴机构是否对这些欠缴单位依规收取相应滞纳金；缴费单位和个人是否存在隐瞒工资和缴费信息等行为。

2. 社会保险基金管理

社会保险基金管理包括对社会保险基金预决算与执行，以及社会保险基金财务两个方面的监督。其中对社会保险基金财务的监督尤为关键，主要包括财务对账制度、内控制度和经办流程是否完善；社会保险经办机构是否存在贪污、挤占、挪用社会保险基金的严重问题。

3. 社会保险基金给付

社会保险基金给付包括对经办机构和参保单位及个人行为的监督。这一环节的监督主要包括经办机构是否有违规开支社会保险基金的行为；经办机构是否按时足额支付社会保险基金，是否有拖欠截留保险基金的行为；参保单位和个人是否符合领取社会保险基金的条件，是否存在骗保行为。

（三）形成强有力的监督队伍

形成强有力的监督队伍，就是按习近平的要求，把权力关进制度的笼子里，形成不能腐的防范机制、不敢腐的惩戒机制、不易腐的保障机制。

1. 要真正将《社会保险工作人员纪律规定》贯彻落实到位

要加强对社会保险基金经办人员的警示教育，切实将人社部出台的《社会保险工作人员纪律规定》作为一项落实党风廉政建设、加强惩治和预防腐败的重要任务来抓，结合开展群众路线教育实践活动，通过组织社会保险系统工作人员统一学习、座谈讨论等方式，结合我国当前反腐倡廉的形势与其他地区发生的典型案例，反复强调社会保险工作人员违反《纪律规定》后果的严重性，为社会保险工作人员敲响警钟。

2. 要积极加强社会保险基金监管人才的培养

监管人才的培养至关重要，现在的情况是部委、省一级的基金监督机构比较健全，人员配备比较齐整，但是市、县两级的基金监督人员普遍不足，还存在很多兼职甚至空缺的情况，很大程度上影响了社会保险基金监管执行的强度和力度。为适应不断拓展的社会保险基金监管工作的要求，更要适时扩大社会保险基金监管专职人员的规模，各级部门要严格选配符合条件的高素质人才从事社会保险基金监管工作。不断提高监管部门人员的职业道德素质和业务素质，使其掌握更多经济、金融、医政、财务和审计等专业技能知识，这样才能建设一支过硬的基金监管队伍。社会保险基金的功能得以最有效地发挥必须借鉴和采用先进的监管模式和监管方法，只有这样才能确保基金完整、高效地运行。

第四节　社会保险基金监管中地方政府的责任

对社会保险基金进行监管是政府必须履行的重要职责，地方政府亦应承担应有的责任。为探究社会保险基金监管中地方政府的责任，本节从现状调查出发，对社会保险基金监管中存在的问题进行分析，并深入探究问题的原因，最后从主体责任、监督渠道、信息披露制度等方面提出针对性的建议，为真正提高我国社会保险基金监管的效果提供了一定帮助。

一、地方政府社会保险基金监管现状

当前我国地方政府已经充分认识到其在社会保险基金监管中的积极作用，并依照国家相关政策相继出台了一系列地方性条例，且因地制宜地制定了详细

的实施细则。从行政规章制度上来看，其基本明确了各机构的职责，为社会保险基金监管的合法性、科学性奠定了基础。地方政府的社会保险基金监管体系一般包括内部监管与外部监管两部分，内部监管包括财务监督和内部审计，外部监管包括法律监管、行政监督和社会监督。地方政府对社会保险基金监管的环节一般包括三个方面，即对基金征缴的监督、对基金投资和运营的监督、对基金支付的监督。

虽然地方政府已经就社会保险基金监管做出了诸多细致的工作，但在实践运行中，依然面临一些问题：一是企业逃费情况严重，不同经济所有制企业、不同户籍性质人群的参保率相差较大，不真实的申报问题突出，参保标准缺乏层次性；二是监管立法缺失，骗保事件频发，尚未有专门的、明确的、可操作性强的法律，对社会保险基金征缴、管理、分配支付、违法责任追究等做出明确规定，导致骗保事件频发；三是社会监督有形无实，信息不够透明，社会保险基金风险不能及时发现；四是社会保险基金贬值，缺口持续扩大，社会保险基金投资运营缺乏有效的监管，而且经办机构内部管理缺乏规范，在财务管理和会计核算的监督上同样缺乏力度；五是行政部门职责不明晰，存在权责交叉、重复的问题，也存在权责空白的问题。

二、地方政府社会保险基金监管问题产生的原因

（一）经济体制的制约

我国市场经济体制转型改革还在发展探索中，完全由市场规律决定的社会保险基金运营与监管环境尚不完善。从目前现状来看，金融市场不够成熟，第三方机构不健全，社会保险基金投资结构尚不高效，社会保险基金运营涉及的各主体间的权力义务不清，这些矛盾导致地方政府不能将社会保险基金投资活动分给市场和第三方机构来做，但这种模式又会加大政府的权力，在利益的驱动下，滥用权力而造成的问题不断发生。此外，关于社会监督机制的相关制度建设尚未引起重视，社会监督力量的作用长期被忽视，法律层面并未做出明确的规定，社会保险基金长期处于封闭式的运作中，导致社会力量参与不足。

（二）部分地方政府落后的政策导向

实践调查发现，在部分地方政府关于社会保险基金的监管中，"政府本位"思想严重，政府对社会保险基金运营的干预较大，一方面追求自身利益最大化，另一方面对其他主体施加压力。地方政府在社会保险基金监管中表现出"短视

地方利益"的一面，地方经济利益直接作用于对社会保险基金的监管，政治利益则是发生"越权"的其他诱导。地方政府官员往往注重自己任期内的政绩，社会保险基金监管总是存在地方政府政绩的倾向性而缺少长期的打算，以至于社会保险基金监管出现问题，以及问题的后续解决则留给下任领导。

（三）中央与地方权力义务不对等

从目前我国社会保险基金运营监管的现状来看，中央与地方政府的权力和义务不对等。首先，中央与地方政府在社会保险基金运营监管中的权责划分不明朗，社会保险基金的最终决策权在中央，暂时保管权则在地方，随着我国社会保险基金的规模越来越大，地方政府依靠社会保险基金运营能够获取一定的固化利益。其次，基金投资权益与参保人权益的划分不清晰。由于我国各地经济发展水平不均等，如果中央负责全部收益分配，则较为困难。比如，在社会保险基金运营监管责任上，中央负全部兜底责任，在权力上，地方政府掌握本地一级社会保险基金的自助管理权，中央政府不加干涉，但在义务上，地方政府出现监管问题时，则无明确的规定来确立政府承担损失的方式。

（四）监管执行效率低

从社会保险基金运营的整个过程来看，其涉及多个主体，途径多个部门，这给政府监管带来了困难，其中任何一个环节出现问题，都会对社会保险基金监管的质量带来影响。当前我国地方政府在社会保险基金监管方面的执行效率较低。一方面，社会保险基金监管的频率过低，地方政府社会保险基金监管一般有现场监督和非现场监督两种，但不同地区情况不同，有些地区受限于人力、物力、精力、财力等因素的影响，现场监督存在较大的困难，进而监管频次较低，只能选择非现场监督。另一方面，社会保险基金监管的时间延滞，比如，当一个地方的政府社会保险基金监管出现问题但并未引发社会影响与社会效应时，另一地方政府通常不会以此为参考提前制定对策，这长久来看必然会造成监管政策制定与落实的时间差。

三、完善地方政府社会保险基金监管责任的建议

（一）完善细则，明确主体责任

从地方政府监管社会保险基金的现状来看，社会保险基金监管的具体落实，需要完善的制度来保障，因此从中央到地方，应制定完善的政策条例。中央应统筹宏观实际，制定面向全国的政策法规，而地方政府应在有限的权力范围内，

进一步细化监管细则，明确行政问责制度，建立一套科学规范的社会保险经办内控、社会保险基金财务等制度，明确风险监控制度，群策群力，约束先行，规避权力滥用的风险。针对涉及的各行政主体，要明确责任，加强资源共享，节约行政成本，并结合实际建立一个独立的监督领导机构，负责在各监管主体间进行沟通。

（二）拓宽社会保险监督渠道，打造专业监管团队

为确保社会保险基金监管水平的提升，地方政府应积极推动社会监督力量的培育和扶持，让社会力量成为地方政府社会保险基金监督工作的有力保障。为实现社会保险基金缴费的监控全覆盖，应进一步拓宽社会保险基金监督的发声渠道，进一步健全劳动者投诉举报的渠道，政府的定期对不良现象给予公示，还可以鼓励可靠的社会机构深入民众调查，为政府实施社会保险基金监管提供决策依据。地方政府应积极争取工会参与社会保险基金监管，发挥监督作用。此外，地方政府为提高社会保险基金监管的水平，还应打造科学专业的监督队伍，招聘专业人才充实到工作岗位上，对内部人员开展学习交流活动，提高其专业水平。在条件允许的情况下，地方政府还可建立社会保险专家库制度，聘请行业专家、学者为专家库成员，为地方政府的社会保险基金监管提供评定意见和鉴定结论。

（三）建立严格的信息披露制度，强化投资运营环节监管

随着互联网与新媒体的发展，地方政府在社会保险基金监管工作中，应积极发挥互联网的作用，地方政府应主动承担社会保险基金监管的网络建设的主体责任，比如，确立信息严谨性原则，形成信息披露制度，并对社会保险基金动态给予公开等。地方政府要建立严格的信息披露制度，让社会保险基金置于阳光之下，接受社会公众监督。在市场化不断发展的背景下，地方政府在社会保险基金监管工作中，可尝试引入市场化机制，依托市场化规律强化社会保险基金的市场化运营，并加强投资运营环节的监控。地方政府应积极借鉴国内外先进经验，通过公开招标的方式选聘第三方机构，将自己不擅长的一部分工作转给第三方机构打理，地方政府则通过对第三方机构的严格监控，实现对社会保险基金运营的监管。

第五节　县级政府在社会保险基金监管中的作用

许多社会保险基金的挪用和诈骗案件表明，在这个阶段，基金监管的不足是主要的原因。然而，该现象的产生不能单单从中央政府的身上寻找原因，地方政府的肩上也承担着不可推卸的责任。因为不同地区对于不同的保险基金拥有自己不一样的制度，县政府比中央和省政府更适合承担监管重任。县政府应该立足于整体，然后分析和思考现在存在的问题，与时俱进地进行社会保险基金的监管，然后选出最佳解决方案来实现社会保险基金的增值。

一、社会保险基金监管的意义和价值

如果企业的职工因人身意外伤害导致生命垂危，职工又无力解决这样的困境，政府若再不主动给予帮助，社会的稳定性必然会受到影响。社会保险基金是职工合法权益的实物保障。从基本养老保险金到失业保险金，从医疗保险的偿还到工作事故保险的处理，职工社会福利的实现不能脱离社会保险基金的大力支持，除此之外，再调节分配机制也有益于促进社会的公平。

社会保险基金监管的最终目标是确保基金的安全性和完整性。社会保险基金规模越大，基金的风险性也就越高。

当风险出现时，社会保险基金将直接影响社会的安全与稳定及国家经济体系的运作，因此国家必须严格监管社会保险基金。

二、县级政府的概念及其在基金监管中的作用

县政府是指在县一级管理行政事务的政府组织的一般名称。它是中央政府、省政府、地方政府、市政府和村民之间的中间联系。它是整个国民经济和社会发展的基本行政区域。从县政府的角度来看，它不仅是县人民代表大会的行政机构，也是地方行政机构。相对于中央政府、省政府、地级市政府，县级政府更加容易掌握当地居民在需求上的特殊喜好，从地理优势上，也更加接近当地居民，对于生活在不同地区的居民，他们的生活习性不一样，因此因地制宜的社会保障制度就尤为重要。而且，在做出的决策执行力上，地方县级政府因为与当地居民更近，所以决策执行的速度更加迅速，效率更高。在监督社会保险基金的过程中，县级政府具备与生俱来的地域天赋，更加容易掌握到当地参保人的偏好。社会保险基金属于某种地方公共资产，必须按照当地的经济发展水平和人口规模来制定适宜的社会保险政策。

在我国，各级政府的所有行为的出发点都应是为人民服务。县级政府在履行对社会保险基金监管职能的过程中，由于外部环境的限制及思想认识的偏差和技术水平的落后，难免存在缺陷。与其接受中央政府自上而下的改革，地方县级政府不如化被动为主动，秉承一种思路：立足自身、准确定位、扬长补短、解决矛盾。在今后的工作中，其既不能摒弃既往社会保险基金监管的历史传承，又要以发达国家的社会保险监管经验为鉴。同时，社会保险基金监管的话题非常敏感，是一个牵扯几代人经济利益关系的复杂的社会系统工程。因此，根据对社会保险基金监督现状和问题原因的分析，政府部门要发挥领导作用，找到解决问题的方法，打破传统的社会保险基金监督方式。这一监督工作不仅仅是一项管理工作，更是一项系统的管理计划，它要求政府统一所有部门执行其任务，共同努力，打造管理型社会保险制度。

第六节　和谐治理框架下社会保险基金的投资运营及监管

社会保险基金作为人民的"养老钱"，肩负着弥补我国人口老龄化高峰时期的社会保障需要的重任。如何加强社会保险基金的投资运营及监管，实现基金的保值增值，是社会各界关注的焦点问题。

现代社会，社会保障制度是社会的"安全网"，关系到社会的健康发展与和谐社会的建设。随着我国社会保障制度的建立和发展，我国社会保障体系覆盖的人数和资金数量不断增长，从而形成了规模庞大的社会保险基金。如何使用好这笔资金以实现其保值增值的目的，如何"做大"社会保险基金以防止可能出现的支付风险，寻找到安全的投资增值渠道，加强社会保险基金的监管，已经成为社会各界关注的焦点。

一、我国社会保险基金投资运营及监管的现状

当前，许多商业银行、基金管理公司、保险公司等金融机构都积极参与到了社会保险基金的投资运营及监管的各项经营管理活动中。我国也相继颁布了《全国社会保障基金投资管理暂行办法》《企业年金基金管理试行办法》《社会保险法》等相关规章制度及法律法规。

（一）我国社会保险基金投资运营的监管模式

从国际来看，对社会保险基金的监管主要有两种模式：一是审慎监管模式；二是限量监管模式。审慎监管模式对社会保险基金的投资组合没有太严格的限

制，主要是遵循谨慎原则选择投资工具。而限量监管模式则是对社会保险基金投资的资产类别、投资比例等进行直接的数量控制。一般是对流动性较差、风险较高的资产实施更加严格的数量限制，以达到分散风险保护基金受益者利益的目的。从相关规定可以看出，我国社会保险基金实行限量监管模式，这主要与我国资本市场不够发达、相关的法律法规不够健全有很大的关系，但是从长远来看，社会保险基金的监管模式应该向审慎监管模式发展。

（二）我国社会保险基金投资运营及监管的原则

要使社会保险基金发挥其和谐治理的作用，尽可能减少社会保险基金在投资运营及监管过程中的风险，必须遵循以下原则。

1. 安全性原则

社会保险基金作为人民的"养老钱"，在其投资运营中必须坚持安全第一，以保证社会保险基金的支付需要，这对政治稳定和社会的和谐发展都将起到积极作用。

2. 收益性原则

社会保险基金投资的成败，主要看其收益水平的高低，同时，取得投资收益也是社会保险基金实现自我积累的重要途径，在追求更高收益率的同时，还必须考虑到经济效益和社会效益的统一。

3. 流动性原则

流动性原则是指社会保险基金需要保持一定数额的资金，以满足需要及时支付的社会保障福利，即在保证社会保险基金投资收益的前提下随时变现。

4. 分散投资原则

社会保险基金的投资具有较大的风险，因此，在对其进行投资运营时，必须考虑多元化的投资运作方式，以分散投资风险，实现社会保险基金安全、稳定增长。

（三）我国社会保险基金的现有规模和投资收益情况

多年来我国的社会保险基金规模不断壮大，取得了显著成绩。据相关权威机构预计，到2030年，全国老年人口将突破3.5亿。与我国人口老龄化加快发展趋势相比，现有社会保险基金规模依然不足，而且我国的社会保险基金的实际投资收益率相对较低，注重安全胜于收益。2002年至2003年，存款利息和国债利息收益之和一直占基金总收益的90%以上，企业债券、金融债券和股票收益之和所占比重还不到 2%。2004 年开始，随着我国在股票市场和委托投资领域的稳步推进，二者所占收益比例也在不断提高，2004 年和 2005 年，二者的收益之和所占比重均达到 30% 左右。但是也应该看到，尽管社会保险基金投资日益多元化，但其投资收益率并不是很高，截至 2019 年我国社会保险基金的平均投资收益率为 14.06%。

二、我国社会保险基金投资运营及监管中存在的问题

综观我国社会保险基金的投资运营及其监管现状，存在的主要问题有以下几个方面。

（一）社会保险基金的投资渠道狭窄，收益率不高

确保我国社会保险基金投资的安全是头等大事。由于在我国的一些地区发生过社会保险基金被挤占和挪用的重大问题，国家对社会保险基金的投资方式有了更为严格的控制。在很长一段时间里，我国社会保险基金的投资都是以银行存款和国债为主的，由于银行存款和国债的利率较低，规避通货膨胀风险的能力也相对较低，短期内，单一的投资渠道保障了基金的投资安全，但从长期来看，收益率不高，不能抵御通货膨胀的影响，基金面临潜在的贬值风险。

（二）统筹层次低，监管成本高，监管难度大

我国当前的社会保险基金是由不同层次的各级地方社会保险机构统筹管理的，中央和省属企业养老保险和失业保险实行了省级统筹，其他险种实行地市级统筹或县级统筹，统筹的层次还在较低的水平。有的企业还建立了补充医疗保险和补充养老保险，其管理主体是企业自身。这种管理模式虽然对于资金的筹集和发放比较方便，但是由于统筹层次的不同，基金管理主体分散，使基金结余分散，难以实施大规模、稳健的组合投资策略，投资风险和经营成本加大，基金链条很长，很难控制，不利于增加社会保险基金的价值，还难以预防基金运作过程中可能出现的挤占、挪用和贪污现象，其结果是基金运作的回报率较低。另一方面，由于各地都设立专门机构来管理社会保险基金，管理成本必将保持高位运行。据统计，我国社会保险基金的管理成本为 3%，而国际上一般在 1% 左右，美国加州的社会保险基金管理成本则只有 0.16%。

（三）基金管理透明度低，信息披露不充分

目前，我国社会保险基金监管体制的模式采用的是以政府为主导的方式，这种模式使得基金管理的透明度较低，信息披露不充分，社会保险部门在基金

管理和投资运营方面都处于封闭的状态，人民几乎不知道有关自己的社会保险基金的运作、使用等情况，参保人员的利益几乎被漠视。此外，在基金运作上，采用的是委托代理方式，因所有权与经营权分离，委托人无法准确地掌握受托人的行动特点，也很难准确地做出即使代理人在委托人无法监督的情况下依然为委托人的最大利益而经营的判断，"逆向选择"和"道德风险"不可避免。

三、和谐治理框架下，完善我国社会保险基金投资运营及监管的建议

针对我国社会保险基金在投资运营及监管中存在的诸多问题，在和谐治理的框架下，必须采取相应的措施，以提高我国社会保险基金的投资运营和监管的效率，实现社会保险基金的保值增值。

（一）积极有效地开展投资组合，实行多元化的投资战略

社会保险基金的投资运营，必然会面临着各种不可避免的风险，但可以通过各种资产组合来分散风险，以获得最大限度的投资回报。为此，必须有效地进行组合投资，实施多元化的投资战略。

首先，应积极拓宽投资渠道。社会保险基金可以选择各种不同的渠道进行投资，包括实业资产、金融资产等。不过具体选择时，应该考虑社会保险基金的规模、性质、目标要求，以及不同投资渠道的风险和收益。其次，要搭配合理的投资期限，使社会保险基金在保证其获得较高收益的同时，保持其流动性。最后，要改善区域的投资组合。通过不同地区、不同国家的实业资产或金融资产的社会保险基金投资，来分散投资的风险，获得稳定的投资收益。

（二）提高统筹层次，降低运营成本

地方政府监管着当地的社会保险基金，同时又是社会保障制度运行的执行主体。因此，地方政府就成为社会保险基金监管风险的主要源头。要从源头上消除风险，必须逐步提高社会保险基金的统筹层次，使社会保险基金从当地政府的管辖范围内分离出来，以达到降低投资风险和运营成本的目的。提高统筹层次可分两步进行：第一步是实现真正意义上的省级统筹，监管难度、管理费用等都将会有显著的降低，同时有利于实施大规模、更为稳健的投资组合策略，降低投资风险和运营成本。第二步是由省级统筹上升到国家统筹，从而可以使得监管的难度和管理费用得以进一步降低。此外，在统筹层次上移的过程中，要注意调动市县两级政府的积极性，建立有效的中央、省、市、县四级责任分担机制，使得各级政府权责明确。

（三）建立严格的信息披露制度，提高社会保险基金投资运营的透明度

由于社会保险基金覆盖的人数众多，监管机构应该要求基金管理人员建立严格的信息披露制度，将基金投资运营的成本、收益状况及有关重大事项及时向利益相关者披露。监管机构应侧重于审查运营机构所披露的信息的真实性。社会保险机构应当每年向社会公告社会保险基金的投资运营、积累及支付的有关情况，并通过法规予以明确，逐步实现社会保险基金的公开、公平、公正运作。同时，建立社会保险基金的独立监管机构，可以将劳动和社会保障部对社会保险基金的监管职能移交给相对独立的监管机构。此外，也可以借鉴国外的一些经验，建立一个由普通民众、法律专家及从事社会保险基金管理的专业人士组成的社会保险基金委员会，定期或不定期开会，讨论民众关心的有关社会保险基金方面的大事，并将有关问题反映给社会保险基金管理方，从而使得人民拥有真正的知情权。

参考文献

[1] 杨长汉. 社会保险基金保值增值的市场机制 [J]. 现代经济信息, 2011（21）: 205.

[2] 孔凡伟. 社保基金投资运营: 欧洲国家如何行动？[J]. 国际金融, 2012（5）: 25-27.

[3] 郭文秀, 刘敏. 社保基金管理中的委托—代理风险研究 [J]. 经济问题, 2008（1）: 123-125.

[4] 金淑彬, 蒲晓红, 崔炳玮. 西部地区实施农村社会养老保险体系的难点问题研究 [J]. 经济纵横, 2008（5）: 73-75.

[5] 华雯文, 范融泽. 我国农村社保基金管理机制存在的问题与出路 [J]. 经济纵横, 2011（7）: 34-37.

[6] 蒲小红, 成欢. 西部地区新型农村社会养老保险制度水平的评估 [J]. 经济理论与经济管理, 2012（8）: 91-100.

[7] 韩芳. 对我国社会保险基金会计核算基础的探讨 [J]. 辽宁经济, 2018（7）: 74-75.

[8] 李建艺. 新《社会保险基金会计制度》执行问题和对策 [J]. 财会学习, 2018（14）: 104-105.

[9] 喻玲. 社会保险基金会计核算引入"权责发生制"的思考 [J]. 会计师, 2018（8）: 65-66.

[10] 张荣荣. 新时期我国社会保险基金会计核算的发展趋势 [J]. 中国集体经济, 2017（22）: 91-92.

[11] 林治芬, 宋志华. 中美社会保险基金会计制度的比较研究 [J]. 会计研究, 2007（1）: 38-43.

[12] 白虹. 谈社会保险基金审计的重点和方法 [J]. 决策探索, 2012（6）: 69.

[13] 蔡菲. 改进我国社会保险基金审计策略研究 [J]. 赤峰学院学报（自然科学版），2013, 29（22）: 82-83.

[14] 陈昌满. 社保审计面临的困难及转型发展路径 [J]. 中国农业会计, 2016(2): 28-29.

[15] 崔明敏. 浅谈如何保障社会保险基金安全 [J]. 现代工业经济和信息化，2013（10）: 39-40.

[16] 郝望月. 浅议社保基金审计重点 [J]. 东方企业文化，2012（1）: 144.

[17] 孙国海. 现阶段社保基金审计的重点及方法 [J]. 审计月刊, 2007（3）: 32-33.

[18] 赵爱玲, 王新新. 社保基金审计风险控制体系构建 [J]. 财会通讯, 2016(4): 99-102.

[19] 朱锦云. 从创新角度谈社保基金的审计思路 [J]. 统计与管理, 2014（4）: 79-80.

[20] 徐蓓. 我国社会保险基金绩效审计评价体系的构建研究 [D]. 郑州: 河南大学, 2014.